G. Landau, Verein für Hessische Geschichte und Landeskunde

Die Geschichte der Fischerei in beiden Hessen

G. Landau, Verein für Hessische Geschichte und Landeskunde

Die Geschichte der Fischerei in beiden Hessen

ISBN/EAN: 9783741183461

Hergestellt in Europa, USA, Kanada, Australien, Japan

Cover: Foto ©ninafisch / pixelio.de

Manufactured and distributed by brebook publishing software (www.brebook.com)

G. Landau, Verein für Hessische Geschichte und Landeskunde

Die Geschichte der Fischerei in beiden Hessen

Beiträge
zur
Geschichte der Fischerei
in Deutschland.

Die Geschichte der Fischerei
in
beiden Hessen.
Von
Archivrath Dr. G. Landau.

Aus dem Nachlasse des Verfassers und
im Auftrage des Vereins für hessische Geschichte und
Landeskunde herausgegeben
von
E. Renouard,
Hauptmann a. D.

Kassel 1865.
Im Commissionsverlage von A. Freyschmidt.

Zeitschrift

des

Vereins für hessische Geschichte

und

Landeskunde.

Zehntes Supplement.

Beiträge
zur Geschichte der Fischerei
in Deutschland
von
Archivrath Dr. G. Landau.

Kassel 1865.
Im Commissionsverlage von A. Freyschmidt.

Vorwort.

Schon im März 1849, als mein nunmehr verewigter Freund, der Archivrath Dr. G. Landau, seine „Geschichte der Jagd und der Falknerei in beiden Hessen" im Drucke erscheinen ließ, lag dessen „Geschichte der Fischerei" zur Herausgabe bereit. Es erweist sich dies aus dem Vorworte zu dem ersteren Werke; auch findet sich dort die Bemerkung des Verfassers: daß er sich entschlossen habe, die Geschichte der Fischerei erst später als ein selbstständiges Werkchen veröffentlichen zu wollen, da die Geschichte der Jagd 2c. eine größere Ausdehnung gewonnen, als er selbst erwartet.

Zum empfindlichen Nachtheil für die Wissenschaft sollte leider der Verfasser den bezüglichen Zeitpunkt nicht erleben; indessen beschloß der Verein für hessische Geschichte und Landeskunde, in Anerkennung der großen Verdienste, welche sich Landau, namentlich in Bezug auf vaterländische Geschichtsforschung, erworben, — die Herausgabe des genannten Werkchens zu bewirken und mich damit zu beauftragen.

Vieles von dem, was Landau in dem oben angeführten Vorworte sagt, findet hier seine Anwendung, denn auch bei der Geschichte der Fischerei ꝛc. mußte er sich, in Ermangelung der ersten Vorarbeiten und in Betracht des mühsamen Zusammentragens des größten Theiles des Materials aus den Archiven, zuvor allenthalben Bahn brechen, um die einzelnen Erscheinungen im Verlaufe ihrer Entwickelung verfolgen und damit überhaupt etwas Ganzes schaffen zu können. Aus gleichem Grunde mußte der Verfasser engere räumliche Grenzen abstecken und insbesondere an dem Boden festhalten, auf dem er heimisch war, und dessen historische Quellen ihm im umfassendsten Maße offen standen. Daher giebt Landau auch nur eine Geschichte der Fischerei in den beiden stammverwandten hessischen Landen, dem Kurfürstenthum und dem Großherzogthum; ich trage aber die Ueberzeugung, gleichwie eine solche von meinem Freunde in dem Vorworte zu seiner Geschichte der Jagd ꝛc. motivirt ausgesprochen wurde, auch auf das vorliegende Werkchen über: daß er mit demselben den Grund zu einer allgemeinen Geschichte der Fischerei in Deutschland zu legen beabsichtigte.

Landau folgt in formeller Beziehung so wie in

der Art und Weise seiner Darstellung ganz dem größeren Werke; ebenso tragen die dort mitgetheilten Forschungen das Gepräge seiner gewohnten Gründlichkeit und Klarheit.

Die im letzten Abschnitte enthaltene historisch-statistische Uebersicht der Fische möchte immerhin noch die Beachtung der Naturkundigen verdienen, wiewohl sie als ein erster, damals aber sehr mühsamer Versuch bezeichnet werden muß, dessen weiterer Ausbau in dem im Jahre 1863 erschienenen Werke C. Th. E. v. Siebold's „Die Süßwasserfische von Mitteleuropa" stattfand.

Kassel, im September 1865.

Der Herausgeber.

Erster Abschnitt.

Das Recht der Fischerei.

Wie die Jagd, so war ursprünglich auch die Fischerei mit dem echten Eigen verbunden und gehörte gleich diesem zu dem untheilbaren gemeinen Gute der Mark, sodaß sie entweder von den freien Markgenossen, oder, wenn die Mark sich im Privatbesitze eines Einzelnen befand, von diesem als dem Herrn der Mark frei und ungehindert benutzt wurde. Doch auch darin traten schon frühe Beschränkungen ein, die, obwohl aus denselben Ursachen hervorgehend, welche die Einengung des Jagdrechts bewirkten, doch in ihrer ferneren Entwickelung einen andern Gang nahmen und insbesondere nicht dieselbe Ausdehnung wie bei dem Jagdrechte erlangten, indem im Allgemeinen auch dann die Märker noch eine wenn auch beschränkte Fischereigerechtigkeit behielten, als schon längst ihre Freiheit und ihr echtes Eigen untergegangen waren. Es war dieses zum großen Theil die nothwendige Folge der Verschiedenheit der natürlichen Verhältnisse. Während einerseits die Fischerei den Mächtigen nicht das Vergnügen bot und nicht bieten konnte, welches mit der Verfolgung der Landthiere verknüpft war, auch die Ausübung der Fischerei meist andern überlassen werden mußte, war dieselbe andererseits auch weniger an einen Ansitz oder ein dazu gehöriges Besitzthum gebunden und zugleich fester begränzt und darum leichter an andere zu übertragen und vereinzelt zu veräußern.

Alles dieses wirkte mehr oder minder auf die Entwickelung des Rechts der Fischerei ein.

Die erste wesentliche Beschränkung scheint auch bei der Fischerei in den königlichen Bannforsten eingetreten zu sein, denn nicht nur das Wild des Waldes und Feldes, sondern auch die Thiere des Wassers standen in denselben unter dem königlichen Banne. Kaiser Otto III. sagt ausdrücklich, als er 994 den Brüdern des h. Salvators zu Frankfurt eine Fischerei im Maine schenkte, eben weil der Main ober- und unterhalb Frankfurt in den Gränzen des Hains von Dreieich lag, daß diese Fischerei zu seinen königlichen Rechten gehöre (quae ad nostrum regium ius pertinet in flumine Moyno vocato *), und ebenso zählen auch die späteren Weisthümer die Fischerei ausdrücklich als zum Bannforste gehörig auf **). Dasselbe war allenthalben der Fall, wo die Kaiser den geistlichen Stiftern den königlichen Wildbann ertheilten, wenn dieses auch nur selten in den Privilegien ausdrücklich ausgesprochen wird.

Deshalb konnte das Recht der Fischerei in den Wildbannen nur durch königliche Verleihung erlangt werden. Im Forste der Dreieich hatten jedoch nicht blos die innerhalb desselben angesessenen Fischer das Fischereirecht, sondern auch die mainzischen Fischer hatten das Recht „mit ihren Gezeihen des Fischens uff den Mainstrom" sich von Mainz bis Aschaffenburg zu gebrauchen, wogegen sie dem Bannvogte jährlich einen bestimmten Zins zu zahlen hatten, welcher Wildgeld genannt wurde ***).

Nicht minder beschränkend mochte in Bezug auf die schiffbaren Ströme der vorzüglich aus den Zöllen entstan-

---

*) Boehmer, Codex dipl. Moeno-Francofurtanus p. 12.
**) Grimm's Weisthümer I. 499. S. auch die beiden kaiserlichen Mandate von 1587 und 1592 im Gründl. Bericht von dem uralten Reichs- und Königsforst zur Dreieich S. 119 und 139.
***) Behauptete Vorrechte der alten königl. Bannforste oder Ausführung ꝛc. Urk.-B. S. 48 und 49.

bene Grundsatz einwirken: daß die Ströme Reichsstraßen seien. Auch da, wo kein königlicher Bann bestand, kam die Fischerei, obwohl nicht in derselben Ausdehnung wie die Jagd, aus den Händen der alten Märker an die Besitzer der erblich gewordenen Grafschaften und zwar in derselben Weise, welche schon oben in der Geschichte des Jagdrechts dargestellt worden ist.

Aber theils weil die Fische ehemals eine unentbehrliche Nahrung für den Landmann abgaben, theils auch weil man auf die Fischerei keinen so hohen Werth legte, erhielten sich doch ungeachtet der immer mehr zunehmenden Beschränkungen viele Gemeinden in dem Besitze der Fischereigerechtsame, wenn auch nicht mehr in dem ehemaligen Umfange. Dieses ist namentlich beinahe durch ganz Niederhessen der Fall, und auch die späteren Verordnungen erkennen dieses noch an; ebenso am Vogelsberg und in der Wetterau. Die Schöpfen der Cent Lauterbach wiesen im 14. Jahrhundert: „Jeder Hubener auch, und eyn iglicher Burgkmann magk mit eynen Scherrehamen in der Wochen zwirnt gehin in das Hinderwasser fischen, uff den Mitwochen und uff den Frittagt*).“ Ebenso 1469: „Item ein Burgman mag in der Wochen zwirnt, nemlich uf Mitwochen und Freitag mit einem Hamen in daz Hinderwasser gehen und ohngeverlich darinnen vischen, desgleichen ein Hubner auch“, und auch noch 1589: „Vors siebend weist man auch sonderlichen heut zu Tag ahn diesem Gericht einem jeden Burgkmann, das er Macht haben soll einen Scharr- oder Fischhammen zu nehmen und die Wochen zweymahl nemblichen deß Mittwochen und Freytages in das Hinderwaßer zu gehen, ein Eßen Fische zu fahen, welches alles er vor seinem Herrn oder niemanden Abscheuens tragen soll; solches weist man auch einem jeden Hubener**).“

---

*) Grimm III. S. 360.
**) Daſ. S. 368 und 369.

Im Gericht Schlechtenwegen wiesen die Schöpfen, daß die Gerichtseinsassen in den Mühlenwehren zu Heistrolfs, Benroda, Schlirf und Schlechtenwegen fischen dürften, wenn sie wollten *).

Zuweilen scheint zwar dieses Recht auf einem Vertragsverhältniß zu beruhen, wie z. B. zu Salzschlirf, denn in dessen Weisthum von 1506 heißt es:

„Item ein yeder Nachbar hat die Freiheit jerlichen alle Mitwochen und Freitage, das er mag auf die Schlitz und fort gehin, und vor drei Phennige Fisch fangen, das sal im nymand weren, er sol aber keinem Fischer in sein Dich (Teich) gehen, noch keinen Schadin fügin an seinem Gezüge, dargegen hat der Fischer macht Rasen uf der Gemein zu grabin, so er wolt ein Angewan abschlagen, und soll der Fischer faren yn seinem Nachen und keinem Nachbar Schaden fügin in seinen Wisen, sondern er sal mit einem Fuß in dem Nachen stan und mit dem andern uf den Staden treden, und als ferre als er mit seinem Weitmesser erreichen mag, sal er Wieden finden, und nicht witer Schedin fügin **).“

In ähnlicher Weise spricht sich das Weisthum von Bilwel von 1453 aus: „Item so ist das Fischewasser von der Brucken an biß uff die Erlebach myns Junckerrn von Konigstein, da wisent sich die Menner, so ferre einer mit eym Huffhamen vnder Arme obendig vnd nyedewindig der Brucken gewerffen maigk, das sie Macht haben mit eym Hamen zu fischenn ***).“

Auch die Weisthümer von Karben und von Altenstadt bezeugten die Fischereigerechtigkeit der dortigen Märker †).

In geringerem Maße scheint das Fischereirecht hingegen den Bewohnern von Oberhessen geblieben zu sein, und nur von einem Orte bin ich es nachzuweisen im Stande.

------

*) Grimm III. S. 373. — **) Das. S. 377.
***) Das. S. 472. — †) Das. S. 462 und 456.

Noch im 17. Jahrhundert hatten nämlich die Einsassen des Amts Battenberg das Recht, 3 Tage in der Woche mit einer Lausen von 5 Fuß Länge und 4 Fuß Breite in den Wassern des Amts zu fischen.

Dieses Fischereirecht war indeß keineswegs ein ausschließliches, es war vielmehr nur eine Mitberechtigung, indem das eigentliche Recht immerhin dem Grundherrn blieb, welcher wenigstens in späterer Zeit häufig sogar ein Vorrecht in Anspruch nahm. In dieser Hinsicht bestimmte z. B. die hessen-darmstädtische Verordnung von 1724 ausdrücklich, daß die berechtigten Gemeinden nicht eher fischen sollten, bis der Herrenfischer den Bach durchsucht. Auch war den Gemeinden in der Regel nur mit einfachen Hamen zu fischen erlaubt und dagegen der Gebrauch aller Werkzeuge verboten, welche zur Hauptfischerei gehörten. Noch 1776 und 1780 wurde im Darmstädtischen den Bürgern und Bauern der Gebrauch der „Zuggarnen, der Wölfe und Fischreusen" untersagt. Hin und wieder gestand man sogar Fremden, welche nicht zur Mark gehörten, das Recht zu, aus dem Bache sich ein Essen Fische zu fangen. Zu Oberohmen durfte sich jeder Reisender Mittags 11 Uhr einen Fisch fangen*). Das Weisthum über die Karber Mark von 1499 sagt in dieser Hinsicht: „Auch jeder Ausmärker, er sei wannen er wolle, darf sich ein Essen Krebse oder Fische fahen, doch muß er sie in der Mark, in eines Wirtes oder Märkers Haus essen und verzeren oder leidet Strafe"**), sowie das Weisthum von Altenstadt von 1485: „Auch weisen sie, queme ein frembder man vber Hundert Meile here, oder wo he her queme, vnd wolt ein male hie fischen, der mocht ein Hamen entnemen vmb ein Merker, vnd mocht in die Bach ghen fischen, vnd was hie vonn Fischen finge, mocht he ein Feur machen vff dem Staden vnd mocht die

---

*) Estor's bürgerliche Rechtsgelehrsamkeit I. 932.
**) Grimm III. 462.

Fisch do siden vnd essen oder mocht sie in eines Nachpaurs Hauß dragen vnd do inne essen, vnd hie sal sie auch nit auß der Marg dragenn *).“

Ebenso hatten die Wasserrichter der Wetterau Fischerei=gerechtigkeit. „Es ist auch von Alters herkommen — heißt es 1611 — wenn sie (die Richter) auf den Wassern im Ampt seyn, und ihnen Fischwerk in die Küche von nöthen, sie alsdann Fisch zur Nothdurst fangen zu lassen Macht haben sollen. Wie dann auch (der) Hauptmann zu jeder Zeit, seiner Gelegenheit nach auf beyden gemeinen Wassern, zu Dorheimb und Fauerbach, darinnen den Nachbarn zu fischen vergönnet wird, von Alters Herkommen zu fischen oder fischen zu lassen Macht hat**).“

Zum Theil aus denselben Ursachen, durch welche die alten Märker einen Theil ihrer Fischerei behielten und auch weil die Fischerei leichter zu begränzen war als die Jagd, wurde dieselbe auch sehr häufig einzeln veräußert, ohne daß damit ein weiterer Grundbesitz oder überhaupt das Eigen=thum des Bodens mit in die Hände des Erwerbers überging. Auf diese Weise gelangten aus dem Besitze der Grundherren theils durch Schenkung, theils durch Kauf eine Menge Fischereien in den Besitz der geistlichen Stifter und Klöster, häufig sogar an Orten, wo diese auch nicht den mindesten Grundbesitz hatten. Beispiele hierzu liefert eine jede Ur=kundensammlung. Auch Laien erwarben solche einzelne Fischereien, theils als Allod, theils als Lehn.

Ebenso wurden viele Städte von den Grundherren mit der Fischerei begnadigt. Doch ist dieses nur bei denen der Fall, welche im 13. und 14. Jahrhundert von Grund aus neu angelegt wurden, und die deshalb auch in der Regel keine Markberechtigung hatten, welche sich nur bei jenen aus alten Anlagen entstandenen, wie z. B. bei Kassel, Fritzlar,

---

*) Grimm S. 462.
**) Das. S. 467.

Hofgeismar ꝛc., findet. Nur die ehemaligen Reichsstädte hatten eigentlich echtes Eigen und darum, wenn sie von keinem königlichen Bannforst umschlossen waren, auch das volle Recht der Jagd und Fischerei. Dieses war unter anderem bei Eschwege der Fall. Dennoch änderten sich auch hier in Folge des frühen Unterganges seiner Reichsunmittelbarkeit und seiner dadurch begründeten Verwandlung in eine Landstadt die Verhältnisse. Nur das, was die Stadt hatte, behielt sie, Neues aber mußte sie erst erwerben. „Als — sagt Wilhelm in einer Urk. von 1485 — in den anhistuergangen gemeynen Wassersflut, die sich in vilen Landen allenthalben scheddelich bezeben gehabt, das Wasser die Werre jren gemeynen Flus vblrflubet, jren Staben zcubrochen vnd eynen andern Gang gewunnen hait, darum nu etliche nuwe Pletze vnd Werbbe wurden", so gebe er nicht nur diese, sondern auch alle, welche noch später in ihrer Mart sich bilden würden, jener Stadt.

Da in Folge der Natur der Fischerei dieselbe nicht unmittelbar von den Eigenern benutzt werden konnte, sondern erfahrenen Fischern überlassen werden mußte, so wurden schon frühe entweder eigene Diener bestellt, welche für die herrschaftliche Rechnung die Fischerei zu besorgen hatten*), oder die Fischereien theils auf Zeitpacht, theils als Erbleihe gegen Zins ausgegeben. In dem letztern Falle befand sich bei der Fischerei in der Regel auch noch ein besonderes Fischergut. Wir sehen dieses sowohl bei den fuldischen Fischereien (s. unten) als an der Werra, wo 1369 Arnold v. Berlepsch mit der „Bischeweyde zcu Ermeswerde vnd den Hof der dorzcu gehoret"**) belehnt wurde, als auch an der Diemel zu Helmarshausen, worüber eine Notiz aus dem 16. Jahrhundert berichtet: „Es seyn auch etliche Häußer

---

*) Schon frühe findet sich unter den fürstlichen ꝛc. Dienstleuten auch der Fischer, z. B. 1387 zu Marburg.
**) Kuchenbecker, Abhandlung über die hess. Erbhofämter Beil. S. 33.

in der Stadt Helmershausen genannt Fischerkothen, wen deren eins verkauft wirdet, so gebüret dem Stiftsinhaber darum der dritte Pfennig solcher Kaufsumme." Zu einer Fischerei in der Eder bei Wolfershausen gehörten 1619 ein Fischerhäuslein, ein Höfchen daran, ein Krautgarten vorm Dorfe und ein Werder in dem Fischwasser.

Wenn der bestellte Fischer einen bestimmten Sold bezog, hatte er alle Fische abzuliefern, welche er fing. Eine solche Bestellung zeigt unter andern die nachfolgende Notiz, welche einer gleichzeitigen hersfeldischen Registratur entnommen ist. „Item myn Here hait gebinget Loczen Tische von sentte Martinstage vbir eyn Jar vnd sal mym Heren dy zwey Waßer hinder den Eichin hin vff byß an dy Margke zcuschen Kolhußen und Kerspenhußen fischen vnd alle Ffische, si sin kleyne abber groiß, mym Here yn sin Huß brengen vnd der kayne verkauffin. Darume sal eme myn Here gebin vier Gulden, zcwey Fertel Kornß, auch sal yme myn Here thun eyne Wysen, dy da eyns Gulden wert si, vnd eyn Agker yn der Gaßen zcu Kolhußen. Anno ꝛc. L. septimo vff Mittwochin vor Martini."

Auf ähnliche Weise wurden im 16. Jahrhundert Fischer für den Fang der Forellen, der Krebse, Grundeln ꝛc. bestellt. Dieses waren indessen nur eigentliche Hoffischer, Diener im strengeren Sinne des Wortes, weit größer aber die Zahl derjenigen Fischer, welche ihre Fischerei auf Zeit oder Erbleihe hatten. Schon seit ältester Zeit war es Sitte, den Zins, welchen diese für den Gebrauch ihrer Fischerei zu entrichten hatten, in bestimmten Diensten anzusetzen, wie dieses beinahe alle alten Register der geistlichen Stifter zeigen. Schon in den ältesten fuldischen Güterregistern heißt es z. B. „de Heringen duobus piscatoribus detur quicquid debent habere etc., — de Westrun IIII piscatores fratribus seruire debent etc. *)." Diese Dienste waren aber ver=

---

*) Dronke, Trad. et Antiq. Fuld. p. 55.

schiedener Art. Bald hatte der Fischer eine bestimmte Anzahl einer gewissen Gattung von Fischen zu liefern, entweder in bestimmten Fristen und auf festgesetzte Tage oder überhaupt im Laufe eines Jahres. Von den 17 korveischen Fischern zu Bigedorf an der Weser hatte jeder auf Palmtag 1 Lachs und auf Martini 3 Gebund Neunaugen zu entrichten *).

Auch bei den Aalfängen war dieses der Fall. Zur Burg Ludwigstein gehörten 1466 4½ Wehre in der Werra; davon gab das zu Oberrieden jährlich 26 Aale, das unter der Burg jährlich 24, das zu Wendershausen 24, das vor Witzenhausen 15 und das halbe zu Unterrieden 18 Aale. Zu Blickershausen war damals ein Wehr oder „Erich", wie es genannt wird, welches jährlich 10 Aale gab, und in Bezug auf die zu Ermschwerd heißt es wörtlich: „Item darinne sind 2 Wehere aber Eriche, der gibt eins des Jares 22 Eele, das andere gibt 16 Eele."

Zuweilen wird keine bestimmte Fischgattung genannt, wie man dieses z. B. bei fuldischen Fischern findet, von denen jeder eine gewisse Zahl von Schüsseln mit Fischen an bestimmten Tagen zu liefern hatte **).

Am häufigsten war es jedoch, daß man den Fischdienst in Geld anschlug und sich allenfalls nur bestimmte Fischgattungen in Natur daneben vorbehielt, wo es dann den Fischern freistand, jenen in Natur oder Geld zu leisten. Schon im 12. Jahrhundert erhielt das Stift Helmarshausen von seinen Fischern zu Bradefort auf die Feste des h. Modalds und des h. Peters jedesmal für 12 Denare Fische

---

*) Kindlinger's Münstersche Beiträge II. S. 139.
**) Isti piscatores debent per singulas ebdomadas duas scutellas unusquisque eorum fratribus afferre, id est XLII scutellas de piscibus in feria IIII (Mittwoch) et feria VI (Freitag) similiter et XIIII° die IIII semper ueniant (Dronke, Trad. et antiquit. Fuld. 55.)

und außerdem noch 3—4 Lampreten*), und ähnlich mußte demselben noch in der Mitte des 16. Jahrhunderts der Fischer eines andern Orts auf Ostern, Pfingsten und Weihnachten jedesmal für 12 Kortlinge Speisefische, sowie jeden dritten Lachs nach Helmarshausen liefern. Die 12 unter der Stadt Fulda liegenden Fischergüter, von denen 4 als große und 8 als kleine bezeichnet werden, hatten jedes an den vier Hochzeiten des Stifts dem Abt und Konvente einen Fischdienst von 6 Pfennigen Werth und außerdem jene 8 noch besonders dem Vogt in den Fasten, wie es scheint, täglich, außer den Fasten aber alle 14 Tage einen Dienst von 1 Schill. Pfenn. Werth zu leisten. Der Vogt oder sein Diener hatte jedoch den Dienst am Wasser und zwar vor Mittag zu empfangen.

Aehnlich war es mit sieben Fischern zu Fulda, Horas und Kämmerzell an der Fulda. Diese hatten ihren Fischdienst jeden Freitag zu leisten und damit die Küche des Abts von Fulda zu versorgen. Fingen sie Hechte ⁊c., so hatte der Abt den Vorkauf, Hauptfische aber mußten sie abliefern und erhielten dafür eine Verehrung. Auch hatten sie dem Küchenmeister des Abts auf Allerheiligen oder Bonifaciustag einen Vogtdienst mit Fischen, im Werthe von 4 Pfenn., zu leisten, der ihnen dagegen 1 Pfenn. für Dienstbrod gab.

In der Mitte des 15. Jahrhunderts waren die sämmtlichen fürstlichen Fischereien an der Werra auf ähnliche Weise ausgethan. Zu Ermschwerd waren 4 und zu Gertenbach 1 Fischer, von welchen jeder wöchentlich 1 Dienst = 1 Böhmisch auf dem Ziegenberg leistete; zu Blickershausen 2 Fischer, von welchen der eine jährlich 26, der andere 40 Dienste hatte. Auf den Ludwigstein gehörten wöchentlich 4 Fischerdienste. Der Seulingssee gab wöchentlich 2 Dienste, jeder zu 4 alten Groschen Werth. Ein Fuldafischer zu Wolfsanger entrichtete 1476 von seinem Wehre „unter dem

---

*) Wenck, Urk.-B. II S. 73.

Lyet", genannt das Landmannswehr, jährlich 10 Aale oder statt deren 10 Böhmische.

Als 1537 der deutsche Orden zu Marburg die Fischerei in der Ohm, Wohra und Glehen verlieh, wurde außer einem Geldzins noch ferner bedungen, daß der Fischer dem Komthure zu Kirchhain jeglichen Freitag durch's ganze Jahr, sowie Mittwoch in den Fasten, Advent und Frohnfasten für 2 Alb. Fische liefern sollte; im Falle jedoch die Wasser zugefroren, sollten ihm die Dienste geborgt werden, damit er sie später nachhole.

In ähnlicher Weise verlieh 1459 das Stift Hersfeld eine Fuldafischerei: „Item myn Here hat gellhen Henriche Nunschilling Katharin siner elichen Hußfrauwen, Henrich vnd Kathrin yren Keynder zcu yren Lebin vnd nicht lenger eyn siner Waßer zcu Aula gelegen mit siner Zcugehorungen vnd sollen mym Hern das vorstehen vnd verdynen mit eyme Dinste Fischen alle Wochin, vßwendyg der Fasten, das acht= zcehen Phennynge wert si, alber hersfeldscher Were, vnd yn der Fasten alle Wochin myt zcwen Dinsten, der selbin Were vnd ye des Jars zcu den vier Fasten myt eynem Dinste, das sal wert ye eyn Dinst X Schillinge alber herssfeldscher Were, darvmbe haben sie mymen Hern gegeben czehen Gulden vnd wan dy genanten vier toyd fin, so sal daz genante Waßer an mym Hern vnd sin Nachkomen verlediget vnd loiß sin vnd dan nymant leyne Gerechtigkeid mer daran habin. Anno etc. L nono. Bonifacii."

Ueber die Leistung der Dienste wurde Rechnung ge= führt und diese alljährlich abgeschlossen, wie dieses die fol= gende Registratur über eine hersfeldische Fischerei zeigt: „Anno dci M° CCCC° L nono in die sti. Lulli patroni nostri habin wir gerechant myt Hennen Eberwin genant Ruje= macher von der Dinstfißen wege, dy sie vns gebin hat eyn Jar von den zuwen Waßern heynbern den Eychen vnd den Vffgang, do von her gedint vnd gebin hat an Flißen CCCC° vnd L Dinst, dy machen zu III Besm. LXX schog."

Zuweilen wurde dem Fischer auch ein Jahressold ausgeworfen, wenn noch eine besondere Dienstleistung dem Fischer auferlegt wurde, wie das z. B. vom Stifte Kaufungen geschah, als es 1437 seinen Fischer zu Herleshausen verpflichtete, seinen Fischerdienst zu Kaufungen zu leisten, d. h. die zu liefernden Fische nach Kaufungen zu bringen:

„Ich Henrich Kotteling, wanhafftig zcu Herlßhusen, bekenne in disme uffen Briffe vor mich vnd alle myne Erben, so als dij erwirdige in Gode vnd Ffrawe Bertha von Seyn Eptischen zcu Couffungen mid Gerichte vnd Rechte irwonnen had dy Fyscherige mid irer Zcugehorunge uff der Were, dy sy mir nu gelnwen hat zcu mynez Lyebis Leybetaigen in solicher Forme, daz ich irer Gnaden, wer die in Zciden ist, dynen sail dez Jares mid nun Dinsten, der yclicher eyner sin sail von vier Schillingen, Döeringer Phenge, daz sind neymlich XVI ailde Groschen; den ersten uff den heilgen Abend Wynachten, den andern in den vier Nunen, den derthen uff Midfasten, den vierden uff Palmen, den funfften in der Cruczewochen, den sesten in der Phingestwochen, den sobinden uff sente Margareten Abend, den achsteyn in den Fronfasten vor Michalis, den lesten in dem Advente mid allen Houbtfischen vnd solchen Dinst brengen zcu Couffungen in dy Eptige. Hir keyn ist bereth daz mir werden soln alle Jar sess Elin graez cruczeborgis Tuch, yo eyne ele vmb sess Groschen ailder Groschen, dry Scheffel Korns vor myn Brod, vnd eynen Schingken uff Ostern, vnd dyt habe ich selbirs gefast vnd gemacht, vnd pober dyt habe ich gegangen in dy Kirchen hinter Keyser Hinrich Altar in Keynewortesleid der ebbeln Jungfrawen vnd ganczen Capittil des Stiffts daselbis, Prister vnd Leyen, vnd han daz also deme hei(li)gen Cruce vnd deme Stiffte daz in Truwen globed vnd zu den Heilgen gesworn disse vorgeschr. Dinste zcu hailben an myn Ende, vnd werez daz dez nicht geschen, so soilde ich mich selbirs vortriben vnd vortreben han. Da midde wart auch bereth, daz sy aldan eyn Eptischen

wer, die in zciten wer, solch Fyscherige thun soilde, weme
sy by gunde. Ouch en han myne Erben keyn Recht darane,
sy enhebten ez dan von Gnaden eyner Eptischen. daz dyt
war sy, spreche ich uff dii Eyde, dy ich mynen rechten
Herren gethan habe vnd noch thun sail. Dez zcu Orkunde
geybe ich dissin ussen Brib vorsigelt mid Jngesigel dez
erbarn Hern Johan Richenbach, Pherner zcu Couffungen,
der da ouch keynwortig waz, daz ich itczunt genant also vmb
syner Beyde willen bekene. Datum sub anno dni. Mille=
simo quabringentesimo trecesimo septimo ipso die sancti
Henrici Jmperatoris."

Eine andere Leih= oder Dienstweise war, daß der
Fischer einen Theil seines Fanges abgeben mußte. Im
mainzischen Landgericht Ostheim am Main bestand im An=
fang des 16. Jahrhunderts dieser Theil in der Hälfte*),
an der hessischen Weser aber in dem dritten Theile von
dem, was mit dem Ziehgarn gefangen wurde. Ebenso
wurden auch die Mainfischer angehalten, gegen einen Trunk
und Brod, ein Drittel ihres Fangs zwischen Bischofsheim
und Raunheim zu Rüsselsheim abzugeben, und diese Abgabe,
ungeachtet die Fischer (1571) behaupteten, daß dieselbe durch
eine freiwillige Gabe entstanden sei**), durch den merlauer
Vertrag von 1582 von mainzischer Seite anerkannt***).

Zu Krotzenburg am Main leisteten die Fischer ihren
Dienst durch die Lieferung der Fische zu dem Jns der
Schöpsen, wie man dieses aus einem Weisthum von
1533 ersieht: „Anderwerbe sprachen die Scheffen, daz eyn
iglicher Fischer zu Grotzenburg sy yn schuldig von syme
Gezauwe eynen Dienst Fische zu dem Pnisze, und sal ig=
licher Fischer sin Fische brengen, die er dan in den vierczehen

---
*) Steiner's Geschichte der alten Grafschaft und Cent Ostheim S. 305.
**) Behauptete Vorrechte der alten königlichen Bannforste oder Aus=
führung ꝛc. Urk.-B. S. 48 und 49.
***) Jn dem Vertrage wird sich auf ein Weisthum von Raunheim und
einen 1541 mit den Grafen von Ysenburg errichteten Vertrag bezogen.

Tagen gefangen hait, die besten unde nit die ergesten, unde die Scheffen darusz laissen nemen als vil, bisz daz sie sprechent: hör uff, du hast wol gedienet. Unde sollen die Fischer mit yn (ihnen) essen, unde das Broit unde Wyne und ander Ding, das zu iglichem Ymsze gehoret, yn (ihnen) helffen verczeren. Unde hait eyn Fischer nach Anczale der Garne vor unde nach eynen Knecht oder me, die mag er mit ym bringen zu dem Ymsze*).“

An einigen Orten wurde der Dienst mit dem ganzen Fange eines Tages, nämlich des Freitags, geleistet. Das war z. B. bei der Fischerei der Fäll, welche die Kapelle zu Frankfurt 994 erhielt, wo der jeden Freitag gethane Fang geliefert werden mußte. Dasselbe war zu Folge eines Weisthums von 1453 zu Bilwel der Fall: „Item so gesellet mym Junckern itzunt von Fisch IX Gulden vnd allen Frytagk IX helbert Fische**).“ Hier bestand also noch außerdem ein Geldzins. Zu Trebur hatten dagegen die Fischer am Freitag nur ihr Fischzeug zu stellen, des Grund=herrn Diener am Samstag Morgen aber die gefangenen Fische aus den Garnen zu heben, wie dieses das Weisthum von 1425 ausspricht: „Alle Freitag sollen die Fischer bei Sonnenschein von der Bach fahren und all ir Gezau dem Graven zum Besten gestalt haben, also das der Hern knechte des Sambstags Morgen die Gezau heben und vor der Sonnen wider abfahren mugen und sol der Schultheiß von den Fischen zwei Theil und der Vogt das dritte haben. Stellte der Fischer einer oder mehr sein Nachen nicht, oder die Bach anders dan vor gewest, der sei mit acht halben Schilling menzschin, das ist elf Schilling ein Heller ver=fallen, und sonsten, da er dem Herrn sein Gezau nicht ge=stellet, in die höchste Buße***).“

Jene Veranschlagung der Dienste in Geld führte nach

---

*) Grimm, a. a. O. III. S. 513. —
) Das. — *) Das.

und nach und zwar schon seit dem fünfzehnten Jahrhundert zu einem Geldzinse und einer immer allgemeiner üblich werdenden Zeitpacht. Bereits 1437 hatte das Kloster Haina seine sämmtlichen Fischereien verpachtet. Doch behielten die Herrschaften auch ferner sich noch den Vorkauf und wohl auch die ganze oder theilweise Lieferung der Hauptfische aus. Die Mainfischer im Gerichte Ostheim mußten alle Lampreten, Platteisen ꝛc. gegen eine Vergütung an die mainzische Kellnerei zu Aschaffenburg liefern. Als 1574 Georg v. Darsch einen Theil der Eder pachtete, machte er sich auch dazu verbindlich, die Hälfte der Salme, welche er fange, an die Hofküche zu Marburg zu senden. In Niederhessen mußten zu derselben Zeit die Fischer alle Hauptfische, als Lachse ꝛc., zur Hofküche nach Kassel liefern, was übrigens auch schon früher im 15. Jahrhundert der Fall war. Jeder Lachs wurde ihnen mit einem Limaß Korn bezahlt. Außerdem waren sie verpflichtet, dem Hoffischer, wenn dieser einen „Landzug" thun wollte, mit ihren Kähnen und Garnen, gegen Kost und Trank, zu helfen.

Im Jahre 1625, wo die meisenbugsche Fischerei in der Fulda nächst Guntershausen an 2 Fischer verpachtet ward, versprachen diese jährlich 10 Gulden und 40 schöne Aale, sowie alle Lachse gegen Vergütung von 4 Metzen Korn für jeden Lachs und den Verkauf aller andern Fische für bestimmte Preise.

Obwohl schon 1665 die Verpachtung der von Kassel entlegeneren bisher auf fürstliche Rechnung betriebenen Fischereien eingeleitet worden, so wurde dieses doch erst 1730 in größter Weise zur Ausführung gebracht.

Zweiter Abschnitt.

Die Fischteiche.

Lag es schon in der Natur der älteren Verhältnisse, daß die Fische ehemals zu den hauptsächlichsten Nahrungsmitteln gehören mußten, so wurden sie doch noch nothwendiger und unentbehrlicher, indem der katholische Kultus bei Einführung seiner zahlreichen Fasttage die Fische ausdrücklich von den verbotenen Speisen ausschloß und sie dadurch zur hauptsächlichsten Fastenspeise machte. Da nun aber nicht alle Wohnsitze an fischreichen Wassern lagen und auch selbst in solchen Wassern nicht immer schnell und augenblicklich Fische zu erhalten waren, so wurde die Anlage von Kunstteichen eine unabweisliche Nothwendigkeit. Schon Karl der Große befahl, daß bei allen seinen Höfen Teiche angelegt werden sollten. Die Zahl dieser Teiche mehrte sich mit der Zeit so sehr, daß man sicher bei jedem fürstlichen oder adligen Hofe, sowie bei jedem Kloster mehrere findet. In Niederhessen umfaßten unter dem Landgrafen Wilhelm IV. die fürstlichen Teiche einen Raum von 881 Acker und doch waren noch 28 Laichteiche nicht dazu gerechnet. In Oberhessen waren 1570 30 herrschaftliche Teiche, darunter 13 Laichteiche. Im Anfange des vorigen Jahrhunderts aber zählte man im Fürstenthum Hessen-Kassel über 150 Teiche. In der Vogtei Herrenbreitungen waren nicht weniger als 16. Die größten, welche Niederhessen hatte, und welche zum größten Theil noch jetzt bestehen, sind der von Landgraf Heinrich I. angelegte 93³/₄ Ar. große Teich bei Frankenberg; der kurz vor 1432 von den Grafen von Ziegenhain angelegte 94²/₄ Ar. große Teich bei Allendorf unter der Landsburg; der 80 Ar. haltende Teich bei Mönchehof (unfern Kassel); der ums Jahr 1574 durch Landgraf Wilhelm IV.

ausgeführte 64³/₄ Ar. große Teich bei Leimsfeld; der 63¹/₄ Ar. haltende Teich auf dem Knüll, bei Schwarzenborn; der 89¹/₄ Ar. umfassende Teich bei Heßlem im ebsdorfer Grunde; der 60 Ar. große Teich beim Eichhof bei Hersfeld; der 51 Ar. haltende Fambacher Teich im Schmalkaldischen ꝛc. Der Teich bei Krainfeld im Vogelsberg hatte 86¹/₂ Ar. In der Obergrafschaft Katzenelnbogen vermehrte Landgraf Georg I. die Teiche mit einem neuen bei dem später, 1687, angelegten Bruchhof bei Dornberg. In noch größerem Maßstabe aber waren die durch Landgraf Ludwig V. entstandenen Teichanlagen. Schon 1597 begann derselbe jenseits des Rheins, bei Nierstein, einen Teich zu graben, wozu über 1000 Morgen Wiesen verwendet wurden; ein anderer entstand von 1605—1607 im Walde bei Gerau, welcher zwar im Herbste 1607 gänzlich versiegte, so daß sämmtliche Fische eine Beute der Reiher wurden, 1609 aber doch schon viele Zentner Karpfen und Hechte lieferte; noch einen anderen Teich legte derselbe Fürst 1609 bei Hasloch an, welcher 600 Morgen umfaßte und über 20,000 fl. kostete.

Im Jahre 1649 hatte das Amt Darmstadt 16 Teiche, wovon der bei Rainheim mit 50,000, der beim Bruchhof mit 40,000 Setzlingen besetzt war. Der große Wrog bei Darmstadt umfaßt noch jetzt 72 Morgen.

Auch im Ysenburgischen waren viele Teiche. So 1635 der See zu Mauswinkel und dabei Graf-Diethers-Weiher, sowie noch ein dritter; ferner bei Birstein, bei Reichenbach, bei Hitzkirchen, der bergheimer oder eckardshäuser See im Gericht Eckardshausen, der Brückenahl bei Wächtersbach ꝛc.

In älterer Zeit nannte man die Teiche Vivaria *), und unterschied später die Fischerei in den Flüssen von der

---

*) Schon in einem Kapitular von 815 werden vivaria cum piscibus genannt. 1130 Vivarium. Gud., cod. dipl. I. 81. Guden II. 236 will irrthümlich das vivarium einer Urkunde von 1283 in vinarium verbessert haben.

in den Teichen durch die Bezeichnung der wilden Fischerei. Die Anlage der Teiche geschah durch eigene kunstverständige Männer, Teich= oder Seegräber genannt. Ihre Arbeit ersieht man aus einem Vertrage, welchen 1497 der deutsche Orden zu Marburg mit einem solchen schloß. Er lautet:

„It. off Montag nach Killiani mit Meister Hans Dichgraber ober komen, sal vns die Arbeit am nuwen Diche, wie die Lorentz verdingt waz vnd von jm verlaßen ist, mit Namen mit zweyn Frasen am Heubte die Lenge des Dams vnd an der Krame mit eym Frasen vnd hinder den Frasen mit guder Erden uffstoßen vnd sollen vnd die nuwe angeczaugte Arbeit auch also mit zwey Frasen vnd in der Krume mit eym von den Dam vnd daz Heubt, also wie itzt berurt, die Höhe vnd die Lange, also mit Frasen vnd hinder den Frasen mit guter Erden uffstoßen wie die Plucksteketen vnd abgeweyn (abgewogen) ist, ussfuren vnd verwerlich, als eyn guten Dam biß zo Ende uffmachen, we dan der Compthur vnd Buche da angeczeit vnd vorgehalten han, derglichen vmb die zwo Flut Acker dieselben mit guter Erden vnd Frasen verwerlich machen, wie dan auch davon gered ist, da gein sal man jm geben doch mit der Zcyt XVIII Gulden, 1½ Malter Korn, 1½ csyten Fleisch, dry Ame Drines, II Mesten Erbeß, II Mesten Habern."

Außerdem hatten die Teichgräber auch die Anlage der Mühlgräben zu besorgen.

Die Aufsicht über die Teiche lag dem Teichmeister ob. Die älteste Ordnung des Hospitals Haina sagt darüber.

„Einen Teichmeister muß man haben, der die Teiche besetze, besehe und Winters aufhalte und allenthalben mit zusehe, daß die Teiche keinen Schaden nehmen, daß sie zu rechter Zeit besetzt und wieder gefischt werden, ein jeder mit seiner gebürlichen Anzahl und wo mehr Teiche zu machen wären, könnte das dem Spital zu Nutz kommen."

Die Teiche waren verschiedener Art, wie dieses noch jetzt der Fall ist: Laichteiche zur Gewinnung der Brut,

Streckteiche zur Aufziehung der Brut und Satzteiche zur Mastung. In Hessen sind jedoch die Streckteiche erst sehr spät in Anwendung gekommen. Der hauptsächlichste Teichfisch war, wie immer, die Karpfe. Noch unter Philipp dem Großmüthigen zog man vorzüglich nur Karpfen und Hechte, sowie „Speisefische". Nur Forellenteiche kommen auch schon früher vor. Nach welchen Grundsätzen man bei der Besetzung in älterer Zeit verfuhr, ist nicht zu ersehen. Gegen Ende des 17. Jahrhunderts rechnete man auf jeden Acker des Laichteichs 20 Milchner und 10 Roogner Karpfen, und zwar aus dem Grunde, weil man glaubte, „daß zur Laichzeit 2 Männer das Weiblein zwischen sich nehmen und durch das Bewegen und Schlagen dem Weiblein die Geburt befördern müßten." Man verwechselte demnach die Zeugung mit der Geburt, indem man glaubte, daß erstere schon im vorhergehenden Jahre erfolgt sei. Von einem zweipfündigen Roogner rechnete man auf 10-12 Schock Brut, von einem vier- bis sechspfündigen aber auf 30—40 Schock. Für die Ernährung von 100 Schock Brut hielt man einen Morgen Wasser nothwendig. Diese Bestimmung gehört jedoch schon einer späteren Zeit an. Da man in Hessen im 16. und 17. Jahrhundert die Streckteiche noch nicht kannte, so ließ man die Brut 2—3 Jahre stehen, wodurch mit dem Wachsen der Fische in der Regel der Raum für dieselben zu enge wurde. Auch hatte man nicht, wie das damals schon in Franken, in der Pfalz ꝛc. der Fall war, mehrere Teiche neben einander, um nach gewissen Zeitabschnitten mittelst Aufziehens der trennenden Wände den Raum für die größer werdenden Fische erweitern zu können. Erst im Anfange des vorigen Jahrhunderts begann man besondere Streckteiche einzurichten, die ersten im Schmalkaldischen, dann in Oberhessen.

Ebenso mangelten für die Anzucht der Hechte besondere Teiche, man benutzte hierzu vielmehr die Karpfenteiche, indem man zu 10 Schock Karpfen, welche pfündig geworden, gewöhnlich 1 Schock Hechte setzte. Aber auch dieses Verhältniß hielt man nicht immer inne, und ließ oft auch die Teiche zu lange stehen, wodurch dann die Hechte zu mächtig wurden und die Karpfen verzehrten. Dieses war z. B. mit dem Hertingshäuser Teiche zwischen Kassel und Gudensberg der Fall. Man hatte diesen 1574 mit 80 Schock Karpfen und 3 Schock Hechten besetzt und erhielt 1577 nicht mehr als 52½ Schock 2—4pfündige Karpfen und 4½ Schock Hechte, von denen die schwersten 9—10 Pfund wogen. Noch weit auffallender zeigte sich dieses aber bei einem großen Teiche in der Obergrafschaft, welchen man mit 40,000 anderthalbpfündigen Karpfen besetzt hatte, und danach auf einen Erlös von 30,000 fl. rechnete, statt dessen aber, als man ihn am 18. Oktober 1613 abließ, nur ein einziges Kärpslein und 15 Zentner gewichtige Hechte fand. Dieselbe Erfahrung machte man gegen Ende des 17. Jahrhunderts auch einmal im Teiche zu Leimsfeld und sogar zweimal im Teiche zu Frankenberg. Gewöhnlich setzte man Weißfische zu den Hechten.

Die Besetzung wie die Ablassung der Teiche geschah sowohl im Frühjahr als im Herbst, nach Zwischenräumen von 2, 3 und 4 Jahren.

Wie alles andere, so hatten auch die Teiche durch den 30jährigen Krieg sehr gelitten und nach demselben scheute man die Kosten, welche ihre Wiederherstellung erforderte. In Folge dessen waren im Anfange des 18. Jahrhunderts viele Teiche mehr und minder verschlammt und der Ertrag dadurch bedeutend vermindert. Im Jahr 1732 schlug man in Kassel den jährlichen Abgang seit dem Anfange des Jahrhunderts auf 70 Zentner Karpfen, 5 Zentner Hechte, 24 Schock Forellen, 73 Schock Krebse und 10 Maß Gründeln an. Obwohl immer noch neue Teiche angelegt wurden, so sieht man doch, daß die Teichwirthschaft mehr und mehr ihre Bedeutung verlor. Seit etwa 50 Jahren begann man viele Teiche trocken zu legen *) und in Wiesen zu verwandeln und fuhr damit dergestalt fort, daß jetzt nur noch eine kleine Zahl von Fischteichen übrig ist.

Dritter Abschnitt.
Der Fischfang.

Schon seit der ältesten Zeit hatte man für den Fischfang besondere Vorrichtungen und Geräthschaften, welche indessen unter so verschiedenen Bezeichnungen vorkommen, daß es schwer hält, sie immer zu unterscheiden und ihre Einrichtung anzugeben, und zwar um so schwerer, als die Urkunden uns nur Namen nennen und ohnehin viele dieser Vorrichtungen auch schon seit lange nicht mehr im Gebrauche sind.

Der örtlich beschränkte Raum in einem Fischwasser, in welchem ein Einzelner oder Mehrere gemeinschaftlich das ausschließliche Recht zum Fischen hatten, nannte man eine Fischweide **), an der Weser auch Pfuhl und Wag.

Die einfachste Vorrichtung war die Fischweide, eine Bezeichnung, welche, wie eben bemerkt worden ist, noch eine allgemeinere Bedeutung hatte. In dem engern Sinne versteht man darunter eine besondere Vorrichtung zum Fischfange. Man legt Flechtwerk oder auch blos Reisig in das Wasser und befestigt dasselbe mit Steinen und Pfählen. Nach einiger Zeit hebt man dasselbe auf und treibt die Fische, welche sich darunter gesammelt haben, in

---

*) Der Teich beim Kloster Warberg, unfern Grünberg, wurde schon um's Jahr 1570 zu Wiesen ausgeliehen.
**) Weide hat die Grundbedeutung des Ausgehens auf Speise, für Thiere wie für Menschen, daher sowohl pascuum als venatio und piscatio in dem Worte verstanden wird.

die ringsum aufgestellten Netze. Auf diese Fischweise bezieht sich, wie es scheint, die Bestimmung der Uebereinkunft der Witzenhäuser Fischer, daß keiner von ihnen vor Peterstag seinen Pfahl schlagen und daß zwischen jedem Pfahl mindestens ein Raum von der Länge eines Schiffs und einer Laden bleiben solle. In der allendörfer Ordnung mag der „Fachrein" diese Einrichtung andeuten und in der Verfügung des Landgrafen Moritz von 1602 das Gebot sich darauf beziehen, daß die Fischer „die Steine und Pfähle, welche sie der Fischerei halber ins Wasser legen und schlagen", nicht liegen und stecken lassen sollen*).

Andere wie es scheint nur hinsichtlich der Größe der Ströme und der Größe der Fische, welche man damit fangen wollte, von einander verschiedene Vorrichtungen waren die **Bennen, Macerien, Wehre, Bache, Fischschütze** ꝛc.

Schon sehr frühe, schon in Urkunden der fränkischen Könige Childebert und Siegbert, findet man die **Bennen** als Vorrichtungen zum Fischfang genannt**) und zwar stets nur in großen Strömen. Karl der Große gab 777 dem Kloster Lorsch die Erlaubniß, im Rhein bei Ilbesheim***) eine Vinna anzulegen****), welche König Ludwig der Fromme 815 bestätigte†). Auch noch anderwärts besaß Lorsch Bennen††), denn dieselben waren damals allgemein verbreitet. Die Abtei Prüm hatte bereits unter König Pipin eine Benne (vinnam et piscationem) bei Bacharach angelegt†††). Das Kloster Echternach besaß eine Benna vor der Mündung der Nahe (unam aquam pisca-

---

*) Hess. Landesordnung I., 494.
**) Urk. König Childeberts: Cum piscatoria, quae appellatur Venna cum piscatoriis omnibus. du Fresne Glossar. II. 1407.
***) Widder, Beschreibung der Pfalz I., 298.
****) Cod. Laureshum. Nr. 8.
†) Das. Nr. 18. — ††) Das. Nr. 1255 u. 2337.
†††) Hontheim, Hist. Trevirens. I. 214.

riam ab inde, ubi Na intrat, cum Venna) *). Die Venne bestand aus einem mittelst Faschinen verbundenen Pfahl= werke, ähnlich dem Hagen auf den Landwehren, weshalb man sie im 9. Jahrhundert an der Weser auch Hecken= oder Hagenwehre nannte **). Die zur Anlage und Unter- haltung der Vennen erforderlichen Pfähle und Faschinen wurden entweder, wie dieses z. B. aus den Güterregistern der Abtei Prüm und des Stifts Trier hervorgeht, von ge- wissen zur Unterhaltung der Vennen verpflichteten Gütern geliefert ***) oder es waren ganze Wälder zu diesem Zwecke bestimmt. Schon König Siegbert von Austrasien vergab eine Venne sammt einem Walde †), ebenso wies Karl der Große dem Kloster Lorsch, als er demselben 777 die An- lage einer Venne gestattete, das dazu nöthige Holz in einem nahen Walde an ††) und auch König Arnulph sehen wir zur Herstellung einer Venne ein Wäldchen geben (venna

---

*) Martene et Durand, Coll. ampl. IV., 207.

**) So verstehe ich die folgende Stelle einer lorveiischen Urkunde von 832. Quae quia in similitudinem palorum, quos incolae hocas vocant, construitur, gentilicio nomine ab indigenis hocuuar nuncupatur. (Erhard, Cod. dipl. hist. Westphal. Nr. VII.) Wedekind in seinen Noten I. S. 279 erklärt hocuuar gewiß falsch für Hackenwehr.

***) perticas CC., wobei erklärend hinzugefügt wird: geren seu Kembeln, quibus venna paratur, vel etiam fortes sepes. Hontheim l. c. 671. De fimo facit perticas VI, unam ad vennam et V circa curtem. (ibid. 675). Für eine triersche Venne mußte ein Dorf die Pfähle (stipites) anfahren und ein anderes die Reparatur besorgen. Lacomblet's Archiv für die Geschichte des Niederrheins I. S. 388. Auch Bodmann in seinen rheingauisch. Alterth. S. 510 theilt aus einem Zeugenverhör vom Jahr 1185 eine Stelle mit, in welcher ein Zeuge aussagt, daß er die Venna ausgebessert habe cum porticis et virgultis, quo dicuntur Ribischen.

†) da Fresne l. c.

††) Cod. Trad. Lauresh. I., 20.

cum siluula — ad instuurandam eandem vennam *). Der Bau der Vennen, welcher wohl meist, wie dieses eine triersche Urkunde aus dem 11. Jahrhundert auch ausdrücklich (vennas reficere) sagt **), durch Dienstleute ausgeführt wurde, erforderte demnach außerordentlich viel Holz. Diese Einrichtung diente aber auch nur zum Fange größerer Fische, vor allem der Störe und Salme. Der schon oben (s. d. Anmerkung) angeführte Zeuge über die Fischerei zu Budenheim sagt, daß das Kloster Karthause außer einem Orte zum Auswerfen der Netze (piscationem cum retibus et locum — ad expandendum retia) auch noch eine Venne zum Fange der Salme und anderer größerer Fische (sed et unam vennam pro capiendis salmonibus et aliis piscibus maioribus) habe. Gewöhnlich hatte, wenigstens in frühester Zeit, jede Venne ihren besonderen, wie es scheint, von ihrem Erbauer entlehnten Namen, z. B. venna dominica, quae dicitur Arnulfi, venna St. Leutfriedi, Carolivenna etc. ***). Zum letztenmale habe ich die Venne im Anfang des 16. Jahrhunderts gefunden; es bestanden nämlich damals noch 3 Veynen im Maine, unfern Aschaffenburg, welche von der dortigen mainzischen Kellerei verpachtet wurden †).

Man unterschied große und kleine Vennen, und schon 648 wird eine venella genannt ††). Nach alle diesen Nachrichten war die Venne eine meist große aus Pfählen und Faschinen aufgerichtete Fischwehr, eine Art Zaun †††) oder wie Cäsarius zum Register von Prüm ††††) sagt: Venna

---

*) Martene et Durand. l., 224.
**) Hontheim, l. c., Lacomblet a. a. Orte S. 388 und Gudenus, cod. dipl. III., p. 1036.
***) Woraus das heutige Chalevanne in Frankreich entstanden. du Fresne l. c.
†) Steiner, Geschichte der alten Grafschaft und Cent Ostheim, S. 305.
††) Martene et Durand, Coll. Ampl. II., 6.
†††) du Fresne l. c. sagt: Septum ad intercipiendos pisces.
††††) Hontheim l. c., p. 675.

est instrumentum sumptuosum et satis utile, unde pisces capiuntur, quod appellamus Veer sive Steyle.

Die Venne wurde also auch Wehr und Stallung genannt, und es ist daraus wohl zu schließen, daß die Wehre und Fache*), welche sich in den kleineren Strömen finden, wenn nicht ganz dieselbe, doch eine ähnliche Einrichtung hatten, und wohl nur kleiner und minder kostspielig waren.

In einer fuldischen Urkunde von 1157 wird bei Gieselwerder in der Weser ein Fischfang genannt, welcher wegen der Menge der Fische, die man durch die in der Mitte des Flusses angelegte Maceria, gewöhnlich Vah genannt, fing, dem Stifte großen Nutzen gewähre (nam duae villae nostrae Wisefelt scilicet et Sevelt [beide sind jetzt wüst] super ripam [Wisere] fluminis altrinsecus sunt dispositae tam cultura agrorum, quam captura piscium nobis utiles — et abundantia piscium quam maximum commodum dantes de maceria, que ibidem per medium fluminis disposita est, — que Maceria vulgo Vah vocatur**). Mit ihrem Dorfe Grohnde verkauften die Grafen von Eberstein 1305 auch quandam piscariam in Wesera, que vulgo dicitur Wer***). Daß sie oft den ganzen Fluß versperrten, bezeugt eine Urkunde von 1318 ausdrücklich: captura piscium prope villam Haslewerdere, quae vulgo dicitur Were et debet se extendere in Wesera a littore ad litus transversum†). Eine andere Urkunde von 1330 sagt: „Fischschütze, dy da heysset Vach" ††). Auch bei Frankfurt wird

---

*) Fach oder wie man in ältester Zeit sagte Vah, ist unser heutiges Fang; im Verbum faben, jetzt fangen.
**) Schannat, Trad. Fuld. 324. Dronke, Trad. et Antiquit. Fuld. p. 151. Wahrscheinlich ist der Name der Stadt Vach aus einem solchen Fischfach entstanden.
***) v. Spilcker, Beiträge zur deutschen Geschichte. II., 245.
†) Das. 268.
††) Joannis Spicilegium tabul. 428.

1333 ein „Fache obwendig der Brucken" erwähnt *). Noch andere Bezeichnungen findet man in lateinischen Urkunden, z. B. 1263: capture siue reclusiones aquarum, que vulgariter dicuntur Were **), 1282: clausura ***) und 1274: gurgustium piscium, quod Wer vulgariter dicitur †).

Eine besondere Art von Wehren sind die Aalfänge, quer durch den Fluß gelegte Reisiggeflechte. Man nannte diese in Hessen auch Eriche und Aalfache. Im Jahre 1466 findet man bei Ermschwerd in der Werra „2 Wehere oder Eriche" und weiter hinauf an der Werra noch viele andere. Ebenso werden 1597 zwischen Breitenau und Röhrenfurt in der Fulda „Eriche oder Ohlfahe" genannt. In der Wetterau waren in den kleinen Flüssen keine Wehre gestattet, durch welche die Mühlen beeinträchtigt werden konnten, und nur vor der Mündung in einen schiffbaren Strom durften sie angelegt werden. Die Wetterauische Wassergerichtsordnung von 1611 spricht sich darüber bestimmt aus:

„Item, so ein Herr wes Stands und Orden er wäre, geistlich oder weltlich, ein oder mehr Fischerfach uff den Wassern hett schlagen lassen, soll dasselbig zumahl an (ohne) einigen Verzug abgeschafft werden, es wäre dann zu End des Wassers geschlagen, darunter keine Mühle könnte gebauet werden, und des Flusz nahe bey einem schiffreichen Wasser einliefe ††)."

Im Jahr 1528 wurde von hessischer Seite bei Gieselwerder ein „groß Wehr mit sechs oder sieben Arcken zum Lachsfange geschlagen und aufgerichtet" und gleiches geschah

---

*) Wenck, H. U. S. 328.
**) Dreger, Cod. dipl. Pommer. I. Nr. 313.
***) Cod. Pommeraniae dipl. von Hasselbach ꝛc. I. S. 217.
†) Urk.-Samml. der schlesw.-holst.-lauenburg. Gesellschaft für vaterländische Geschichte. I. S. 214.
††) Grimm, Weisthümer. III. 464.

daselbst vor der Mündung der Schwälmisch, worüber sich aber Braunschweig beschwerte, denn es sei hier bisher nur ein Fahlwehr, aber kein Lachswehr gewesen.

Schon oben ist bemerkt worden, daß die Wehre oft von einem Ufer bis zum andern reichten; ja es war dieses wohl meistens der Fall, denn von 6 Wehren, welche Hessen 1589 zwischen der Diemelmündung und Oedelsheim in der Weser hatte, machte nur eins davon eine Ausnahme. Jedes Wehr hatte mehrere Oeffnungen für den Durchzug oder Stieg der Fische, vor welchen die Reusen angelegt wurden. Diese Oeffnungen nannte man bald **Fischfänge**, bald **Schläge**, oder, wie wir oben gesehen haben, auch **Arken***).

Als Hans von Stockhausen 1568 ein Fischwehr in der Diemel anlegte, wurde dasselbe von dem hessischen Amtmann zu Helmarshausen „zerhauen und zerschlagen".

In den schiffbaren Flüssen mußten die Wehre den Schiffen einen offenen Weg, ein „Schlupf", wie man es an der Weser nannte, lassen. Das Weisthum von Nied am Maine bestimmte dessen Weite auf 7 Schuhe**). In einer Beschreibung der Einkünfte des Amts Trendelburg von 1455 wird auch die dazu gehörige Fischerei in der Diemel aufgeführt und hinzugefügt, daß Niemand den Fluß verbauen oder „Were" machen solle, ohne Raum für die Durchfahrt von zwei Weidschiffen zu lassen („sonder ein Slop an eyme Felde lassen, da man mit tzwen Weydescheffen byeinander dorchfahre"). Die Fischereiordnung des Landgrafen Philipp von 1559 bestimmte, daß die „Dalfach", durch welche die Ufer zerrissen und viel Holz verwüstet werde, möglichst weggeschafft und da, wo sie nicht zu entbehren seien, so gehalten werden sollten, daß an beiden

---

*) Es ist dieses Wort wahrscheinlich dasselbe, was wir oben als **Erich** haben kennen lernen.
**) Wigand, Wetzlar'sche Beiträge, I. 107.

Enden zunächst den Ufern eine 1 Ruthe weite Oeffnung zum Durchgang der Schiffe bliebe. Auch sollten hier die Fischer mit Hülfe der Landanlieger zur Verhinderung von Uferbrüchen die Ufer mit Weiden bepflanzen *). Dieselbe Anweisung wird auch in den spätern Verordnungen wiederholt. Die im Interesse der Fuldaschifffahrt 1602 vom Landgrafen Moritz erlassene Verordnung setzte die Zahl der „Ohlfache und Fischwehre" in der Fulda zwischen Kassel und Rotenburg auf elf fest und befahl, daß die Fischer dieselben mit Pfählen und schweren Steinen befestigen und nicht etwa auf den Klängen auf- und abrutschen sollten **).

Die verschiedenen Geräthschaften, welche zur Fischerei gebraucht wurden, nannte man im Allgemeinen das Gazau, ein Ausdruck, der insbesondere in den Weisthümern vielfach vorkommt und mit unserm heutigen Zeug (Gezeug) übereinstimmt. So setzt z. B. das Weisthum von Trebur vom Jahr 1425 die Gezaue dem Flechtwerk entgegen:

„Die Bach bis in Rein soll frei sein und mit Gezauw und nit mit Geflechte zum dritten Theil von Fischern gefischt werden, doch daß zwei Theil uffe bleiben***)."

Auch die würzburger Fischerordnung von 1556 sagt: „Das Fischgezeih, das Gezeihe, die Segen genannt".

Diese Geräthschaften bestanden theils in dem Fischerkahn, oder dem Weidschiff, auf dem untern Maine noch jetzt Weidschelchen genannt, theils aus den Netzen und Reusen, welche schon die kaiserliche Urkunde von 994 für die Kapelle zu Frankfurt nennt: . . . aliqui pisces aliqua arte, sine retibus, sine hamo, seu neste, quod vulgariter riusam vocant, capi possunt †).

Was zunächst die Netze betrifft, so waren diese von

---

*) Hess. L.-O. I. 176. §. 11.
**) Daf. S. 494.
***) Grimm, Weisth. I. 496.
†) Böhmer, l. c. 12.

sehr verschiedener Art, welche je nach den Gegenden, wo man sie genannt findet, auch verschiedene Namen hatten. Eins der größten Netze war das Zieh= oder Zuggarn, welches vorzüglich zur Teichfischerei gebraucht wurde. Es ist dieses ein großes Zugnetz, das aus zwei starken Wanden, woran es gezogen wird, und einem Sack (Bern) in der Mitte besteht. Im Jahre 1483 kaufte der deutsche Orden zu Marburg ein „Zcyhegarn"*).

Anderwärts nannte man dieses Netz die Waade. Herzog Bernd von Braunschweig untersagte 1410 der Stadt Lutter den Gebrauch der Waade: „hebbet ufgeban — sagt der Herzog — den Sede (Sitte) vnd de Wonheit, den vnse Borgar to Lutter hebben, dat se vischen giengen mit Waeden in de Schunter**)". Sonst wird es Segan, in lateinischen Urkunden sagina, sagena etc. genannt. Eine mecklenburgische Urkunde von 1283 sagt: ... sagenas, quæ materna lingua Waden sive Garne nominantur***). Wie es scheint bezieht sich in der Witzenhäuser Fischer= ordnung die Bestimmung, daß 4 Fischer mit 4 Vierteln Garn, welches ein Gefährte hieß, fahren sollen, eben auf die Waade, gleich wie in der allendörfer Ordnung das Fahrtgarn. Die hessischen Verordnungen bestimmen die Weite der Ziehgarne auf ein bestimmtes Maß, zu dessen Verdeutlichung eine Abbildung beigefügt worden ist.

Der Schragen wird meist in kleinern Flüssen ge= braucht und ist ein mit kleinen Maschen gestricktes viereckted Netz, an dessen Enden halbmondförmig gebogene Stöcke befestigt sind, welche sich in der Mitte kreuzen. Nach der witzenhäuser Ordnung soll Niemand mit dem Schragen

---

*) 8¼ Gulden IV alb. VI kr. sin Molner Henne dem Fischer vor eyn Zcyhegarn, funf Klebegarn, eyn nuw Werffegarn, eyn nuwe Waghamen vnd ztwen Garnhegke.
**) Häberlin, annal. medii aevi. 559.
***) Lisch, Mecklenburgische Urkunden I. 176.

zwischen Ostern und Martini fischen, es sei denn großes Wasser, wogegen die allendorfer Ordnung festsetzt, daß kein Fischer zwischen Ostern und Michaelis mit dem „dicken Schragen" fahren solle.

Eine dritte Art Netze sind die **Hahmen**, von denen man größere und kleinere hat. Das Netz hat engere Maschen als die vorher genannten und befindet sich an einem an einer langen Gabel befestigten Bügel. Schon oben habe ich die Bezeichnung hamo bereits 994 nachgewiesen. Die witzenhäuser Fischer durften nur an 2 Tagen der Woche und in Eisfahrten mit dem „dicken Hamen" fischen, während zu Allendorf keiner des Nachts mit dem Hamen fischen sollte. Zu Lauterbach war es den Burgmannen und Hübenern erlaubt, mit dem **Scharrnhamen** zu fischen*), wie den Märkern zu Bilwel mit dem **Hufhamen****). Nach den hessischen Fischereiordnungen mußten die Maschen des Hamens 5 Zoll weit sein, wogegen das altenstädter Weisthum die ganze Weite des Hamens auf 2½ Elle beschränkte:

„Des gemeinen Wassers halben han die Mercker vor ein alt(her)komen Recht geweist, were in das gmein Wasser fischen wil ghene, der sal ein Hamen (han), der nit weider sei, dan drithalb Elen weit, vnd sie weißen daran auß alle **Spangezawe, Schiff vnd Lendegarn*****).

Das **Wurfgarn** oder „**Werffegarn**", wie es 1483 genannt wird oder „**Werbegarn**", wie es die allendorfer Ordnung nennt, ist ein trichterförmiges, in eine Spitze auslaufendes und mit Bleikugeln beschwertes Netz, welches entweder geworfen oder gegen den Strom gezogen wird.

Das **Staubnetz**, ein Netz, in welches die Fische

---

*) Grimm III. 360. In den späteren Weisthümern wird einfach der Hamen genannt.
**) Das. S. 472. Irrthümlich steht hier Huffhammer.
***) Das. S. 456.

gejagt wurden, durfte in Allendorf nur mit der Zunft Bewilligung am Tage gebraucht werden; des Nachts aber sollten die Fischer nicht mehr als 4 setzen *).

Lausen, oder wohl richtiger Lauschen, in der würzburgischen Fischerordnung von 1570 Laußwatten genannt, sind enge Netze, welche zur Nachtfischerei dienten und deren Maschenweite die hessischen Ordnungen auf mindestens 2 Zoll bestimmen; zu Allendorf durfte der Fischer, welcher Schnüre legte oder Staubnetze setzte, in derselben nicht „auf die Lausse" gehen.

Die Lichtgarne werden in der allendorfer Ordnung genannt. In der würzburger Ordnung werden die dicken, d. h. weiten, den lichten Netzen entgegen gesetzt **). Erzbischof Gerlach von Mainz sagt in einer Urkunde von 1358, daß die Mönche von Haina in ihren Wassern der Herrschaft Itter „mit Zügen (Ziehegarn?) und mit Luchten und in andere Wyse" fischen möchten ***). Ob hierunter dieselben Garne zu verstehen sind oder die später verbotene Fischerei in der Nacht mit Lichtern?

Die Nachtschnur ist eine starke mit vielen Angeln behangene Schnur, welche des Abends gelegt und des Morgens wieder aufgenommen wird. Ferner findet man noch Fließnetze, Stulpennetze, Lendegarne, Klebgarne, Woghamen, Garnsäcke ꝛc.

Die Reusen sind lange aus Weiden geflochtene Körbe. Auch diese werden schon frühe genannt: riusa, riussa, russa, lat. nassa, gurgustium †), und stammt vom

---

*) Ob die „Grotelitze" der allendorfer Ordnung dasselbe sind, weiß ich nicht zu sagen.
**) Schmeller in seinem baier. Wörterbuch II. 431 versteht es gerade umgekehrt, indem er dick durch eng erklärt.
***) Wenck, II. Urk.-B. S. 394.
†) S. Grimms Grammatik II. 50 u. III. 467. Eine Glosse zu einer Urkunde von 979 bemerkt bei gurgustium: ruese. Dronke, Cod. dipl. Fuld. m. 720. Vergleiche dagegen oben, wo gurgustium für Wehr gebraucht wird.

gothischen raus, das Rohr, ab. Nach der witzenhäuser Ordnung waren jedem Fischer 24 Reusen, darunter 4 enge, im Wasser gestattet*). Ebenso gestattet die allendorfer Ordnung jedem Fischer 6 Reusen nächst der Brücke und 4 Reusen bei der Mühle; auch werden Garnreusen genannt, während diese jedoch die witzenhäuser Ordnung gänzlich verbietet, gestattet sie die allendörfer Ordnung für die Nacht, so daß sie am Tage aufgenommen werden sollen; weiter bestimmt dieselbe Ordnung, daß kein Fischer befugt sein soll, mehr als einen Fachrain und 12 Pflockreusen zu schlagen, und mehr als 4 Reusen an den Gries zu legen und diese mit Ankern oder Pflöcken zu befestigen; in die Scheren sollten aber gar keine Reusen gelegt werden. In Bezug auf die Diemelfischerei enthält eine alte Amtsbeschreibung von 1455 folgendes:

„So sal seyn Laßkorph vnd mit Namen der Laßkorph zu Helmarshusen an der Brugken aber sust eyrgent nit furter lijgen, dann von sent Symon vnd Judentage biß uff des heiligen nuwen Jarstage nehst darnach vnd das gantz Jare furter keyn Korph lijgen, Laßtorbe aber Hechtkorbe, vnd mit Namen so sal der Korp Klanglen haben, da man mit dren Finngern vngehemmet zwuschen dorch stechen konne, vnd da auch eyn Fisch geruwelich dorch geen konne, der dryer Phenninge werth sij, wartbergesche Werunge. Diß han uff Eyde gesaget Cordt Wolff eyn Fischer paper (über?) XLVI Jare gewest, vnd Herman Fischer vnd han das auch also von jhren Eldern gehort vnd ander Fischer vnd die Eldesten staen eß zu vnd sig ware."

Eigenthümlich sind zum Theil die Bestimmungen der Weisthümer über die Reusen, wonach es auch andern erlaubt war, dieselben zu leeren. Das von Altenstadt vom Jahr 1485 sagt darüber:

---

*) Ungeachtet 24 Reusen genannt werden, so werden doch nur 4 enge und 16 weite aufgeführt.

„Auch weisten sie, were es sach, das ein Gemeiner Reusen in das Waſſer wolt legen, der ſal ſie eins Fiſcher=
sachs lang von einander legen. Vnd were es Sach, das ein Gmeiner oder ein Außman in das Waßer queme, vnd wolt fiſchen, vnd funde Reuſen, die ine irreten, die Reuſen mag er heben; findt he dan Fiſchen darin, ſo mag er di=
selb Flſch nemen, hie ſal aber die Reuſen widder zu machen vnd ſie widder legenn, als ſie vorgelegen han; willen ine aber die Reußen irren vnd hube ſie herauß, wolle hie ſie dan nit widder legen, ſo ſolt hie die Fiſch nit darauß nemen, dan he mocht die Reuſen mit den Fiſchen off dem Staden loißen ligen *)".

Aehnlich ſpricht ſich das Weisthum von Karben vom Jahr 1499 aus:

„Fiſchende Märker ſollen die Reußen vnd Garne der Fiſcher nicht ſchädigen, doch wo ſie ohngefähr eine Reuße finden, dürfen ſie die Fiſche herausnehmen, ſollen aber die Reuße aufs Land legen **)."

Die heſſiſchen Verordnungen ſetzen auch die Weite und Form der Reuſen feſt, ſowie denn auch ſchon 1559 Muſter und Formeiſen oder Strickſtöcke an jedes Amt geſchickt wurden, damit die Garne den Anweiſungen der Ordnung gemäß verfertigt werden konnten.

Was endlich die Angel betrifft, ſo hatte man Hand= und fließende Angeln, oder wie eine Urkunde von 1283 ſagt: ... cum hamis scilicet Huntangele et Vlotangele ***); dieſelbe Urkunde nennt auch Aalangeln (funes anguillarum, qui Alrepe nominamus †).

Als nicht fiſchergerecht vnd der Fiſcherei ſchädlich werden ſchon in der Fiſcherordnung Philipp des Groß=
müthigen und ebenſo auch in den ſpätern noch eine Reihe

---

*) Grimm, III. 456. — **) Daſ. 462.
***) Liſch, a. a. O. S. 194.
†) S. Grimms deutſche Grammatik III. 476.

von Fischereiarten aufgeführt, welche verboten sein sollen. Dahin gehört: das Becken, Abdämmen und Abschlagen der Wasser, sowie die Ruttscheibe und Tretbretter oder Streichbretter, die Stachelkolben oder Hagen, wie sie 1657 genannt werden, weil dadurch das Gelaiche zerstört werde; fließende oder Schnuckangeln, sowie überhaupt das Fischen mit Tag- und Nachtangelruthen, denn nicht nur mit den Nachtangeln würden oft die stärksten Fische, sondern auch mit einer Tagangel oft an einem Tage an 10–20 Pfund Barben oder andere Fische gefangen, vorzüglich wenn dieselben vorher gepfoscht worden seien; ferner das Legen von Reusen, welches die Ordnung von 1711 nur für den Nothfall und auch dann nur auf ausdrücklichen Befehl gestattet; die Schweberiche (von schwedern, plätschern?) in gemeinen Wassern, oder, wie es die spätern Ordnungen bezeichnen, das Treiben und Jagen der Fische auf die Staden und Klänge. Die „tollen Fischquerbeln" (Queder *] oder Querber, der Köber) oder, wie es in den Ordnungen seit 1711 heißt, das Tollmachen oder Pföschen der Fische mit Olei-, Lein-, Rüben- oder Mohnkuchen; die Fischerei mittelst Tauchen unter das Wasser; das nächtliche Fischen mit Leuchten; das Stechen der Fische mittelst spitzer Eisen und später auch das Schießen der Fische; die Fischerei mit Knochenseilen oder Garn, welche die Verordnungen von 1559 und 1581 gänzlich untersagen, wird später für die Herbstzeit (nach Jakobitag) gestattet, doch mit der Beschränkung, daß man sie nicht in Forellenwassern brauche.

---

*) „Vergiftete Kugeln oder Querber". Leyser, Jus Georgicum p. 570. Es ist unser heutiger Köber. Grimms deutsche Grammatik III. S. 467.

Vierter Abschnitt.
Die Fischerzünfte.

Da wo die Fischerei ergiebig war, also vorzüglich an den größeren Strömen, bildeten sich, zum Theil schon frühe, unter den Fischern Genossenschaften oder Fischerzünfte, die theils nach althergebrachten Gewohnheiten, theils auch durch schriftlich aufgestellte Ordnungen für die Erhaltung und Regelung ihrer gegenseitigen Verhältnisse sorgten. Zu Mainz begegnen wir im Jahr 1300 zwei verschiedenen Klassen von Fischern, den Weidleuten (Weydeloude) und den Stadenleuten (Stadelude)*), von denen jene die Fischerei im Strome, diese die Fischerei am Ufer, Gestade, trieben. Nicht minder alt ist die Fischerzunft zu Frankfurt. Die Fischer hatten hier das Recht, die Fische, welche auf dem Maine eingeführt wurden, aufzukaufen, wogegen sie sich des Aufkaufs auf dem Markte enthalten mußten; ebenso sollten sie keine Fische, welche „veldishalp" (über Land) herumgetragen wurden, aufkaufen**). Die Fischer zu Hanau, Kesselstadt und Fechenheim bilden noch jetzt zusammen eine Zunft, doch ist zu Hanau nur noch ein einziger und dieser eine treibt nicht einmal sein Gewerbe***). Auch zu Seligenstadt besteht eine Zunft †). Die Zunft im Amte Steinheim erhielt 1672 ihre Ordnung erneuert. Jeder Fischer sollte eine 3jährige Lehrzeit bestanden haben. An Sonn= und Festtagen war das Fischen untersagt; jeder sollte nur mit einem Schelchen und einem Garn fahren; lange Schnüre, Breitgarne, Nachtleuchten, Garnstecken ꝛc. sollten verboten und das Setzgarn erst von Johannistag an erlaubt sein ꝛc.

---
*) Würdtwein, Dioec Mog. I. 25.
**) Böhmer, Cod. dipl. Moenofrancof. p. 643.
***) Mittheilung des Herrn Metropolitan Calaminus.
†) Steiner, Geschichte von Seligenstadt S. 293.

Gleiche Vereinigungen bestanden unter den Werra=
fischern. Die Fischer zu Witzenhausen, es waren ihrer 13,
kamen 1445 überein und errichteten eine Ordnung unter
sich. Sie stifteten gleich den übrigen Zünften in der dortigen
Pfarrkirche einen Baum mit Lichtern, der bei feierlichen
Gelegenheiten angezündet und umgetragen wurde, und wollten
alle Feiertage und die Vorabende (Vigilien) derselben in
Gemeinschaft begehen, so daß nur der davon befreit sein
sollte, welcher ein Wehr besitze. Weiter setzten sie fest, daß
je ihrer 4 mit 4 Vierteln Garn, welches ein Gefährte
heiße, fahren wollten und daß dann kein anderer weiter
denn bis zum „Heiligenstädter Werder" noch fahren sollte.
Zwischen Ostern und Martini sollte keiner mit dem
Schragen fahren, es sei denn großes Wasser. Auch in
den Eisgängen möge jeder, welchem es beliebe, mit dem
Schragen und dem dicken Hamen fahren, wogegen große
Gewerbe, wahrscheinlich große Züge, und das Brechen des
Eises zum Zwecke des Fischfangs nur mit aller Zustimmung
und zu aller Nutzen geschehen sollte, so daß die übrigen
sogar das Garn des Kranken oder Abwesenden mitführen
und diesen an dem Fange gleich betheiligen sollten; nur
der sollte nicht dabei betheiligt sein, welcher sein Garn ver=
weigere. Jeder sollte 24 Reusen im Wasser haben, wovon
4 leichte und 16 „pollich" sein sollten. Wenn sich ein
Grießwerder (ein Sandanfluß) bilde, so sollten diesen alle
gebrauchen und zwar so, daß sie sich einen Schritt weit von
einander zu dulden hätten. Keiner sollte vor Petritag seinen
Pfahl schlagen und dann so, daß zwischen jedem der Raum
einer Schiffslänge und einer Laden (?) bleibe. Keiner von
ihnen sollte Garnreusen ins Wasser setzen. Wenn auf einen
Festtag großes Wasser oder Eisgang eintrete, sollen sie sich
des nur nach gemeinsamer Uebereinkunft aller Einheimischen
gebrauchen. Die bisher gemein und ungehegt gewesenen
Weiden sollen dieses bleiben und keiner dieselben früher
als die festgesetzte Zeit hauen. Als Buße für den Bruch

dieser Bestimmungen, worüber die Vorstände erkennen sollten, wurde ein Pfund Wachs zu dem Lichte und ein drei Viertel enthaltender Eimer Bier zum gemeinschaftlichen Trunke festgesetzt. Auch von jedem gefangenen Lachse sollte ein Böhmisch zum Lichte gegeben werden.

Aehnlich bestand zu Allendorf eine Zunft, deren Mitglieder an dem noch jetzt so genannten Fischerstaden wohnten, nämlich jenem schmalen Stadttheil, welcher sich zwischen der Stadtmauer und dem Ufer (Staden) der Werra hinzieht. Ihre alte Ordnung war vom Jahre 1430. Doch scheint diese nicht mehr vorhanden zu sein und nur eine Erneuerung derselben vom Jahr 1669 habe ich auffinden können. Hiernach soll unter anderm der Weiden- und Grasschnitt auf den Griesen nicht vor einer bestimmten Zeit geschehen. Wenn ein Fischer mit dem Lichtgarn oder dem Werbegarn fährt, soll er keinen Schragen oder Hamen mitnehmen, ebenso mit dem Schragen kein Hamen. Keiner soll zwischen der Brücke und dem Zaun mehr als 6 und bei der Mühle mehr als 4 Reusen legen. Keiner soll mit 2 Fahrgarn in den Wog (Strom) fahren. Ohne sämmtlicher Fischer Einwilligung soll keiner am Tage Raubnetze setzen, des Nachts aber nicht mehr als 4, oder, wenn er zugleich 2 Garnreusen legt, nur 2 Raubnetze, die aber auch des Morgens wieder aufgenommen werden sollen. Kein Fischer soll mehr als einen Fachrain haben und nicht mehr als 12 Pflockreusen schlagen und keine Reusen in die Scheeren sowie nicht mehr als 4 Reusen gegen einander an den Gries legen und diese auch mit keinem Anker oder Pflock befestigen; kein Fischer soll Jemand, welcher nicht zur Zunft gehörig, mit aufs Wasser nehmen; aus einem Hause sollen niemals 2 in 2 Schiffen fahren, wenn einer Nachtschnuren legt oder Staubnetze setzt, soll er dieselbe Nacht nicht auch auf die Lausen gehen ꝛc. Andere Bestimmungen betreffen die Hage, die Haltung der Festtage, die innere Ordnung der Zunft ꝛc. Für den Bruch dieser Gebote waren

Bußen gesetzt, welche halb der Zunft und halb dem Fürsten zufielen.

Noch andere Bestimmungen waren im Saalbuche aufgezeichnet. Um eine bessere Ordnung, vorzüglich wegen des wechselnden Fischereigeräths, zu handhaben, wurde den Fischern ums Jahr 1725 ein Beisitzer aus dem Stadtrath zugeordnet. Im Jahr 1460 findet man zu Allendorf 16, 1469 17, 1471 13 und 1478 16 Fischer.

Auch zu Eschwege war eine Vereinigung der Fischer, welche jedoch, wie es scheint, keine schriftlichen Statuten hatte. Im Jahr 1596 zählte man daselbst 28 Fischer.

Die Fischer bei Fulda standen nicht in einer eigentlichen Zunft, sondern ihre Verbindung war mehr gewerbschaftlicher Natur. Es waren ihrer zwölf, welche auf eben so vielen Fischergütern saßen, welche alle an bestimmten Festtagen dem Stifte zu dienen hatten und dafür eine Pfründe, d. h. Speisung, erhielten. Die 4 großen Güter waren von allem Vogtrechte frei, während die andern dem Vogt mit Fischen dienen mußten. Der Stiftskellner hatte das Recht, jährlich fünfmal selbfünf Herberge bei ihnen zu nehmen oder statt deren 5 Schillinge zu erheben. Im Uebrigen waren sie frei von allem Gericht und aller Herberge, frei von der Cent, von Futter= und Frohndienst, vom Zolle zu Fulda, vom besten Haupt, vom Mühlenbann, den Fastnachtshühnern, den Meßpfennigen, ja sogar vom Interdikt, während dessen der Probst von St. Michael oder dessen Kaplan die geistlichen Tröstungen reichte. Die Männer, welche während eines Interdikts starben, wurden auf dem Michaelskirchhof, die Frauen im alten Spital beerdigt; von jedem Todten aber fielen dem Probste, in gleicher Weise wie einem Pfarrer, 7 Schillinge Pfennige und 4 Pfennige zu. Die Fischer waren nur verpflichtet, an den drei Hauptgerichten (Landdingen) zu erscheinen und dem Blutbann unterworfen. Sobald einer sein Fischergut verkaufen wollte, mußte er es zuerst seinen Ganerben

anbieten zu einem Preise, der von 2—3 Fischern als billig
erkannt wurde; erst dann, wenn sich von diesen keiner zum
Kaufe geneigt fand, durfte er es andern Fischern anbieten
und erst, wenn auch das vergebens war, konnte er es ver=
kaufen, wem er wollte.

Die Fischer zu Fulda, Horas und Kämmerzell standen
dagegen unter dem Küchenmeister des Stifts als ihrem
Lehnherrn, der jährlich zweimal mit ihnen Gericht hegte.

Beilage I.
Ordnung der Fischer zu Witzenhausen vom Jahr 1445.

In deme Namen Godes Amen. Kunt sye allen Luten
die dussen Brieff sehen aber lesin horen, daz wir Hans
Greben der elder, Hans vnde Bode syne Soné, Heinrich
Gerstenbergh, Hans vnde Henkel Grafischer Gebrudere,
Henne Koler, vnd Herman Bernecken, Fischere vnsirs gne=
digen lieben Heren czu Hessen czum Ludewigesteyn hörende,
Hans Apt, Hans Peters vnd Curt Bernecken Fischern der
erbaren geistlichen vnde vesten des Priors vnd Conuents
zu Witzenhusen, Heimbrodes von Rengelderade vnde Bern=
hardes von deme Berge, alle Burgere vnd wanhafftig zu
Witzenhusen, vor vns alle, vnsir Erben vnd Nakommen,
Gode dem almechtigen, Marien der werdigen syner lieben
Mutter, vnde allen Godesheilgen zu Lobe vnde Ere vns,
vnsirn Aldern, vnsirn Erben vnde alle vnsirn Nakommen
Selen mit allen Glaubigen Selen zu Troste vnd zu Hulffe
eynen Boym mit eynem Waslichte yn vnser Pharkirchen zu
Witzenhusen gemacht vnde gesatzt han mit Wißen vnde Vol=
bort der erbarn vnde ersamen vnsers Pherners vnde Rades
darselbs, vnde wullen vnde sollen daz ewiglich behalden
vnde daz alle Czyt vnde Stunde enpornen vnde vmen tragen
laßen, wann man der Czunffte vnde Gildebrudere Lichte
vnde Boyme enpornet vnde vmentregit, die in derselben

Pharkirchen gefaßt fin vnd daz dar mede yn allen zu kunfftigen Czyden ewiglich den glich halten; wyr haben ouch vor vns, vnsir Erben vnde Nakommen erblichen gereth zu fyrende alle heilge Tage vnde die Nechte dar uor gancz vß mit allir Arbeit ane Geuerde, alse die Nacht des Abendes an gehen sal, wan man Aue Maria in der Pharkirchen ludet, waz der heilgen Tage geborlich ist vnd gebodden wirt zu fyrende; vz gescheiden wilchir vnsir Were haben, die mogen daz dar mede nach irem Gutdunken vnde Abe= vnde Zugange des Waßirs geborlich halden ane Geuerde, alse sye daz uor Gode deme Almechtigen uor antworten wullen vnd uff ore Conuentien vnd Samwitzekeit daz beuelen. Ez sollen ouch ye sere mit seren Ferteiln Garns faren, ouch wilche sere daz ein Geferte beißet, die Werre vnde Waßir vff faren wirdet, den sal keyn Geferte nach faren sorter ben an den Wert, den man Heilginstades Wert nennet. Ez sal ouch mit deme Schragen nymant faren zuschen Ostern vnde sente Martins Tagen, uß gescheiden ab eyn Uffloiff des Waßirs wurde, so mag ein iglich daz thun vnde zu syme Nutze gebruchin, doch sal nymand Geferde dar inne suchen; vnde mit deme digken Hamen mag eyn iglicher zwene Tage in der Wochen faren vnde mit mer, wilch Tzyt ime daz ebynt; her mag auch mit deme digken Hamen vnde Schragen in allen Isserten faren vnde gebruchen. Auch große Gewerbe (sic) vnde Isbrechen sal nicht geschin, dann mit Wißen vnßer aller vnde vns allen zu Nutze vnde Frommen vnde ab wer nit inheymsch̊s aber so crang were, daz her nicht dar czu komen muchte, des Garen mag man nemen vnde der sal zu Nutze vnde Frommen mede stehin glych eym andern, der liplich mede ist. Wurde ez ouch imands wißentlich gethan, der mede kommen kunde, vnde dar zu nit helffen wulde, aber ab der cranke aber der uße were ere Garen dar zu nicht thun wolden aber bestelten, daz man der dar zu nicht thun solde, die en solden dar von ouch keynen Nutz aber Frommen nemen. Vnsir iglichir mag ouch fere vnde zwentzig Ruyſen in deme Waßir haben, der ſollen fere licht ſin vnde nicht mer, vnde ſetzen polliche vnde nicht mer. Were ouch eyn Gruß Wert, des mag vnſir iglicher gebruchen, daz ſal vnſir eyner den andern lyden uff eynen Schret nach. Nymant ſal ouch ſynen Phol ſlan vor ſente Peters Tage Cathedra, den man nennet in der Lentze, vff den Tag aber dar nach zu geborlichen Zyden ane Geuerde mag her on ſlan, wilch zyt ime daz ebint, eyner von deme andern eyns Scheffs vnde eyner Laden langh. Ez en ſal ouch nymant Garen Ruyſen in daz Waßir ſetzen, danne des in keyne Wyß ſin ſal. Wilch zyt ouch Iſſart aber Ufflouff des Waßirs uff den heilgen Tag kommet, des zu gebruchen ſollen wir dar mede halden, alſe wir des ſemptlichen aber vnſir merer Teil eyn werden vnd vnſir keyn ſal des gebruchin, ez en ſie vns allen zu Wißen uor gethan die inheymſch ſin vnde des eyn warden aber eyn mererteil wurden in maßen uor gerurt ane Geuerde. Ouch ſal man ez mit deme dretteils Knechte vnde andern Knechten halben, alſe bißher gewoulich geweſt iſt vnde dar keyn Geuerde inne ſuchen. Ouch alle Wyden, die bißher gemeyne geweſt ſin vnde nicht gehegit, der ſal nymant kouffen nach ſunderlich hegen, die ſollen gemeyne blieben vnde ſal nymand houwen, dann uff eyne vorramede vnde geſtagkede Czyt, alſe wir der vnder eynander eyn werden ſollen vnde alſo ſemptlichin gebruchen; haid abir ymands waz eygenis, ane Geuerde, mag her gebruchen nach ſynem Wolbehagen, wilch Czyt ime daz ebint. Ouch wie ez frommede Fiſchere, die nicht horen in vnſir Fiſcheweide, die wir vorſten vnſerm gnedigen Heren zcum Ludewigeſteyn vnnde Witzenhuſen mit Fiſchene, alſo mogen wir ez in frommeden Fiſcheweyden ouch halden, daz ſal an dißer Eynunge vnde Ubirtragunge nicht hindern. Vnd wir alle uorgnanten greben vnd laben uor vns vnſir Erben vnde alle vnſir Nakommen alle duſſe uorgeſchrebin Puncte vnde Artikele erblichen in guden Truwen zu halden, vnde wilchir dar inne brochhafftig wirdet, in wilchem Artikel vnde wy digke vnd daz vnser formunden, die wir zu deme uorberurten vnserm Lichte gesatzt hetten, also wir by habin sollen, erkenten daz der gebrochin hait, so digke vnde vile sal der selbir, der gebrochin hait, eyn Phunt Wasses vnde eynen Eymer Bers, dar dry Ferteil Bers witzenhusisches Mastes in ghen, uor brochin han, vnde die Broche sal her von Stunt aber bynnen achte Tagen schirst dar nach folgende, so her von den Formunden dar bynnen angelangit wirt, betzalen vnde den Formunden vor= anbelagen, thede her des nicht so sal her des Watzirs vnde Weyde nicht gebruchen, her enhabe dann die Broche gutlich betzalit. Dy Formunde sollen daz ouch erkennen uff ore Conuenciten, alse sie dauor Gode bekentlich sien sollen, vnde wurden die Formunden in der Erkenunge zweytrechtig, so sollen sy die Fischere vns gemeynlich aber vnßer Erbin vnde Nakomen, dy zu der Czyt sinbe werde, daer zu nemen, wilcherme dann die merer Teil bestet, dar bie sal daz blieben. Solche Broiche des Wasses sal dynen zu deme Lichte, vnde die Broche des bers vmmen guder Eynunge willen sollen vnde wullen wir eyntrechtlich brynken, so man vns dar zu heischen sal. Wir han ouch uor willet, watz wir von Lessin fangen, dar von iglichem Lasse sal eyn Behemen gefallen zu deme Lichte, vnde die Behmen sollen ußgegebin werden von bene Jennet, die sie fengit bie den Brochin in matzen uorgerurt ane geuerde. Dusse vnser vorgnante Eynunge vnd Ubirkommunge ist geschin mit Witzen, Willen vnde Volbort des gestrengen vnde ersamen Junckeren Hermannen Meisenbugis Hobemeisters vnsers gnedigen lieben Heren zu Hessin, zu dussir Tzyt Amptmans zum Ludewigesteyn, vnde Johannen Raschen, Schultheißen zu Witzenhusen, an Stede des obgenanten vnde hochgeborn Fursten vnde Heren Heren Ludewiges Lantgrauen zu Hessin, vnsers gnedigen lieben Heren vnde haben die gutlich gebeden, daz sie orer iglich sin Ingesegil vor vns, vnsir Erbin vnde Nakommen, vnde zu Kuntschafft han gehangen, des wir Meisenbug vnde Johan

Rasche so bekennen, daz wir von Geheistes des obgnanten vnses gnedigen Heren von Hessin wegen dusse Eynunge czu gegebin habin, hanthaben vnde beschermen helffin wullen vnd vnsir Nakommen, wann vnde wie digke wir dar zu geheischen werden, vnde vmme Bede willen der versignanten Fischere vnde Kuntschaff allir vorgeschrebin Redde, daz die alle ewiglich gehalden sollen werden, vnser Ingesegele an dussen Brieff han gehangen, vnschedelich deme obgnanten vnßern gnedigen Heren zu Heßin vnde sinen Erbin vnde ouch vns vnde vnsen Erbin. Datum anno domini M°CCCC° XLquinto In octava Epiphanie domini.   (Vom Original.)

Beilage II.
Das Recht der fuldischen Fischer zu Horas und Kämmerzell 1458*).

Item der Wasser uff der Fulde sint VII. nemlich zu Hora III vnd zu Kemerczelle IV. Wer dy inne hait abir teyle dar an hait, dy stehin eynem Kochmeyster zcü vnd hait Jars zu machen czweye Gericht vff Michaelis vnd Walpurgis **).

Were dar uber Gericht haben wil, der sal eynem Kochmeyster sinen Willen daromb machen vnd sint diß dy Recht dy man wiset.

Item man sal daz Gericht genant daz Fischergericht hegen by onßers gnedigen Hern von Fulde Banne, des Marschalks Banne mit des Kochmeysters Hulfe mit der belehenten Fulge vnd mit allem Rechten, als daz von Alder herkommen ist.

Item eyn itzlicher Fischer sal dynen mit den besten vnd nicht mit den ergesten Fischen.

---

*) Auf einem beiliegenden Zettel steht von neuerer Hand „Fischerrecht 1458."
**) Walp. ist durchstrichen und am Rande steht von späterer Hand: Cathedra Petri.

Item welcher Fischer uber sine Dinst gut Hechte abir ander Fische hette abir finge, die solle er eynem Koch=
meyster zcu vorn anbyten ab vnßer gnediger Herre von
Fulde der bedorfft in siner Kochen, so sal er dy beczalen,
bedarfft er der aber nicht, so mag sy der Fischer verkouffen
wem er magk.

Item welcher Fischer eynen Heubfisch fehit den sal er
vnßern gnedigen Herrn brengen, so sal sine Gnade em
wyder eyn Eren thun.

Item ab eyn Fischer sines dinsts nicht gehaben mocht,
so sal er daz eynem Kochmeyster also fruhe zcu wissen thun,
daz er vnßerm gnedigen Hern sinen Kochen sust mit Fischen
moge vorsorgen vnd der Kochmeyster sal em daz acht Tage
zu gute bestehin lassen. Quem er dann uff den andern
Fritag nicht, so mocht en der Kochmeyster pheuden vor eyn
Dinst Fische wert vnd er sal glichwol sin Dinst vßrichten.

Item eyn itzlicher Lehinfischer sal geben des Jars vff
aller Heiligen Tag abir uff Bonifacii eynem Kochmeyster
vor sich selbis eyn Boitdinst fische, daz sal vier Phennige
werdt sin vnd wann er daz Dinst brenget, so sal der Koch=
meyster em der selben Phennige eynen wider geben, dar
umb daz er keyne Dinstbroit gibt.

Item welcher Fischer eyns Baumes bedarff zcu eynem
Nachen, der sal vnßerm gnedigen Hern brengen vor XVIII
denar Fische, daz sint itzunt VI Behmische, vnd en bitten
vmb eynen Baume, den sal sin Gnade also geweren.

Item won das Wasser in sinem Staden gehit, so
mag eyn itzlicher Fischer in sinem Nachen faren uff dem
Wasser vnd mit sinem Wydemesser Widen hauwen vnd dy
stegken an dy Ende, da er dy an dem libesten hait abir er
sal dy stegken in dem Nachen.

Item wer eß daz eyn Czentgraffe abir Amptman uff
den Donnerstag eynen Dinst gebot eynem Fischer, der selbe
sal vnserm gnedigen Hern sine Dinstfisch brengen, dar an
sal en daz geboit nicht hindern.

Item welcher Fischer eynen Hait hette, da hin Waſſer in ginge, dy wil daz Waſſer dar in ginge, ſo mocht er dem nachfulgen vnd dar inne fiſchen.

Item ſo eyner mit dem andern abir ſuſt ymand vmb dy Waſſer abir Lehin Gebrechen hetten, daz ſol er vor eym Kochmeyſter vztragen, ſo ſal em der ſelbe Rechts helfen.

Item waz ſich von Schult vnd Schaden begebe vor der Lehin wegen, dar uber hait der Kochmeyſter zcu richten.

Item daz Waſſer ſal an eynem Ende offenſtehen ſeß Schue langk, daz der Fiſch ſinen Gank gehaben moge.

Item wann eyner ſin Lehin Waſſer vorkouffen vorſetzen abir vorlihen wil, daz ſal geſcheen mit eyns Kochmeiſters Bewilligunge, der dar uber eyn Lehinherre iſt.

(Aus dem fuldiſchen Küchenmeiſterei-Amtsregiſter von 1458—1500 mitgetheilt durch die Güte des Herrn Gymnaſialdirektors Dr. Dronke zu Fulda.)

Beilage III.
Rechte der fuldiſchen Fiſcher an der Fulda.

Dyt ſint die Recht unde dy Gewonheide unſer zwelſſ Gute, dy unſer belehinten Fyſcher erbeiten unde ynne haben, nach dem als wir ſy yn unſen alden Briffen finden han, Der twelſſ ſint vier große Gut; der ligt eyns zcu alden Swarza, das ander zcu Quecka, unde dy anderen czwen zcu Heynbach. Alle die, di die vier Gut habin unde verdynen, dy ſollen zcu male frye ſeyn von allem Foit Rechte. Dy andern achte Gut, dy da ligen, eyns zcu Ulrichshuſen, eyns zu nydern Rombach, eyns zu Nymbach, eyns zcu alden Swarza, eyns zcu nydern Weyforte und das zcu dem Sandolffs. Dy achte*) Gut ſollen den Foiten dynen in der Faſten ir itzlicher mit eyme Schillinge Phennynge wert fyſche, unde uſzwendig der Faſten ye zcu vrozehin (vierzehin) Tagen auch mit eyme Schillinge

---
*) Es ſind aber vorher nur ſechs Güter genannt.

Phennin wert Fysche. Unde die Fysche sullen die Foite
abir ir Dyner selbin holen vor Mittentage an den Wassern,
wo en hyn bescheiden wirt von den Fischern. Wenn auch
der Fischer eyner adder me nicht Fische hetten, so sullen
die Foite vor eynen Dinst Fische nemen eynen Schillinge
Phenninge, hetten auch sy der Phenninge nicht, so solde
man Phfant von en nemen, und die mochten dy Foite abder
ir Diener vorsetzen ob sie lüste, fur die vorsessen Dinste;
also doch das bescheidenlich Gesuch daruff ginge an Geverde.
Wenn ouch yn dem Winter dy Wasser gefrissen und be=
standen seyn, so dorffen abber sollen sy nicht dynen weder
mit Fischin noch mit Gelde, also lange bis das dy Wasser
weder geoffent werden. Die vorgenante Fischer von den
zwelffen Guten sollen alle unde ir itzlicher besundern uns
unde unserm Convente alle Jar uff dy vier Hochgezyten,
sunte Bonifacy, Sent Simplicy, Allerheilgen unde uff den
Palmetage gelden, rynen unde brengen ses Phenningwert
fische nach der alden Gewonheit. So sullen ouch wir en
uff die selben vier Hochgezyten Phfrunde gebin, ir itzlichem
als unser eyme. Wer es auch, das ir eyner abber me nicht
fische gehabin mochten abber sümig wurden, die sullen komen
unde erschynen vor Kelner, und sulen iren Gebrechin unde
Hindernisse sagen; so sulbe en der Kelner eyn ander Zil
an Busse setzen, welcher dann nicht queme mit syme ver=
sessen Dinste, den mochte eyn Kelner phfenden fur eynen
Schilling Phenninge und nicht hoer. Ouch mag sy eyn
Kelner czwernet yn dem Jare selb funfte und nicht me
herbergen, eyns czu sente Walpurge, und eyns czu sente
Michilsmesse, abder ye vor die Herberge sunff Schillinge
Phfenninge suldisch Werunge; anders sint sy alles Gerichtes
unde Herberge, Czent, suters unde Frondinstes von allen
Foiten fry, uszgenomen dy brie Lantding czu sente Wal=
purgemesse, czu sente Michilsmesse unde czu dem Czwelfsten,
unde ubir Hals und ubir Hant. Ouch sint sy Czolles
fry zeu sulde, unde gebin auch keyn beste Haupt; es wer

benne, bas sie uff anderen Guten sessen. Ouch gebin sy keyne Fasnacht Huner adder Messephenninge iren Pharner und sy sint auch unbedrungen zeu keyner Mullen, sy mögen malen, wo sy wellen.

Wer is ouch, das ir eyner sin Erbeteil an den vorguanten Guten wolde verkeuffen, das sulbe her synen Ganerben von erst anbiten, unde sulbe auch gebin, nachdem das der Fischer zwene aber drie sprechin, das es ture gnug were, woldens abir die Ganerben nicht keuffen, so sulde hers den anderen Fischern auch biten, woldes der keyn keuffen, so mochte hers darnach vorkeuffen, wem her wolde.

Wer es ouch, das Gotsdinst ynne Pharren dar nyder gelegit worde, so sulde sy eyn Probest zcu sente Michil, abber syn Capelan berichtin mit unses Heren Lichenam unde mit dem heiligen Ampte; unde was der Manne gesturben, dy sulde man uff sente Michils Kirchhoffe begraben, unde dy Frauwen hu dem alten Spital, und von den Toben sulde eyme Probiste abber syme Capelan syn Recht gefallen, glicher Wys als eynem Pherner von eyme itzlichin Toten sibin Schillinge Phenninge, unde vier Phenninge sulbischer Münze.

Alle disse vorgeschriben Recht, Fryheide unde Gewonheide sint vor uns von den Eldesten unde von Schepphen mit Orteln uszgelegit unde offinlich irwiset an Gerichte, als sy is darnach zcu den Heiligen wolden sweren.

(Aus einem Kopialbuche.)

Beilage IV.
Ordnung der Fischer zu Allendorf an der Werra von 1669.

Ich Johann Georg Grau, fürstlicher hessischer Schultheiß allhier zu Allendorff an der Werra, thue kund und bekenne hiermitt offentlich, demnach unter hiesigen Fischern Mißverstände und Streitgkeiten dahero sich erhoben, daß einer und ander von ihnen ihrer unter sich habender Fischers-

ordnung zuwieder gelebet haben solle, das doch keiner uff
sich bringen laßen, einige auch von ihnen solche Ordnung
in etzlichen Posten vor unträglich halten wollen, und beß=
halber vor mich zu Entscheidung der Sachen gerathen, so
habe ich zu Beylegung solcher Streitigkeiten sämbtlicher
Fischerzunfft allhier, im Nahmen ihrer fürstl. Durchl. unßers
allerseits gnädigsten Fürsten und Herren zu Heßen ꝛc. an=
befohlen, des nechsten zusammen zukommen, und eine gewiße
Ordnung, so sie unverbrüchlich zu halten gedächten, unter
sich uffzurichten, und mihr solche, damit sie gebührlich con=
firmiret und in hießiges fürstl. Saalbuch geschrieben, und
alßo Richtigkeit unter ihnen gehalten, und meinem gnädigsten
Fürsten und Herren dabey nichts verabsäumet werden möchte,
zu übergeben, deme sie dann auch gebürlich nachkommen,
sich zusammen gethan, und folgende Ordnung unter sich
verfaßet und sie sämbtlich zu halten einmütiglich bewilliget
und beschloßen, mihr sie übergeben und mich dabey unter=
thänigen Fleißes gebethen, ihnen dieselbe von Gerichts und
Ambtswegen umb die Gebühr zu confirmiren und in das
Saalbuch schreiben zu laßen, welches ich voranbemelter
fürstlicher heßischer Schultheiß allhier alßo gethan und ihnen
ihre Fischersordnung in hießiges fürstl. Saalbuch neben
denen darinn stehenden Articulen schreiben laßen, dieselbe,
wie zu End derselben zu sehen, im Nahmen ihrer fürstl.
Durchl. unßers allerseits gnädigsten Fürsten und Herren,
confirmiret, und ihnen davon Copiam zu ihrer Nachricht
mitgetheilet, doch hochgedachter ihre fürstl. Durchl. ꝛc. wie
auch mihr, meinen Erben und Ambtsnachfolgern ohne
Schaden actum ut infra ꝛc.

Folget nuhn der Fischer Ordnung, wie
solche im Saalbuche folto 29 befindlich.

Die Werra und Fischer belangende.

Die Werra und Waßer ist unßers gnädigsten Fürsten
und Herren, alß der hohen Obrigkeit zuständig, und fänget
an bober dem Heidelbach, so auß der von Allendorff Holtz

fleußet an der Feldmark von Allendorf und dem vächischen Waßer und gehet hinunter an den Canfuhrt gegen der Landtwehr, so die Stadt Allendorff undt die von Hanstein scheidet, biß auff das hansteinische Waßer.

Fischerdinst.

Item so manch Fischer am Stadt wohnet, gibt ein jeder unßerm gnädigsten Fürsten und Herren von einer gantzen Fischerweide — 1 fl. 17 alb. 4 hlr., halb uff Johannis Baptistae, die ander Helffte auff Weynachten, thut zu jetzigen Jahren — 36 fl. 17 alb. 4 hlr. Item stirbet ein Fischer, so wird das Weib bey halbem Fischerdinst gelaßen und mag dießelbige auch halben Zeugk im Waßer haben und thut eine halbe Weyde — 21 alb. 8 hlr.

Item wann ein Lachs in der Werra gefangen wird, ist die Helffte unßers gnädigsten Fürsten und Herren, und bezahlet ihro fürstl. Gnaden die ander Helffte dem Fischer, so ihn gefangen. Item es darff kein Fischer dicke Schreyne zwischen Ostern und Michaelis führen, deßgleichen keine junge Hechte fangen, bei Straffe zehen Schilling halb unßerm gnädigsten Fürsten und Herren das ander denen Fischern.

Item welcher Fischer unter das Eyß bricht und fischet, sie thäten dann solches sämbtlich, soll es mit einer Marck geldes verbüßen, halb unßerm gnädigsten Fürsten und Herren, das ander denen Fischern. Es bericht ein ehrbahrer Rath zu Allendorff, daß ein Marck geldes — 26 alb. 8 hlr. sey, wie solches in Bezahlung von Alters alßo gehalten worden.

Item es darff kein Fischer am Stadte Fische feil haben, der nicht unßerm gnädigsten Fürsten und Herren Zinß gibt und zu Gebott stehet, deßgleichen daselbst häußlichen wohnet.

Item, welcher Fischer draußen wohnet und Hochzeit hält, soll ein halb Pfundt Wachs denen armen Leuthen geben, und so ein frembder dahin kommet und Hochzeit hält, muß ein gantz Pfund geben.

Item welcher Fischer dem andern seine Reußen oder Fischzeug entfrembdet oder aufhübe, solls mit einer Marck verbüßen, halb unßerm gnädigsten Fürsten und Herren, das ander denen Fischern.

Item vermöge eines schrifftlichen berichts de dato anno 1430, so die Fischer bey sich haben, wird befunden, daß sie die Fischer mit fließenden Garen und Fischgezeug die Werra hinauff biß zu Eschwege und dann hinunter biß zu Münden fischen und fahren mögen.

Folget nuhn der Fischerzunfft unter sich selbsten auffgerichtete Ordnung.

Item es soll kein Fischer, er sey jung oder alt, sich uff dem Grieße mit graßen oder Weiden abschneiden sehen lassen, biß so lange, daß er verbottet wird, bey Straffe eines halben Gulden, halb unßerm gndgste Fürsten und Herren, das ander denen Fischern.

Item wann ein Fischer mit Lichtgaren fähret, so soll er keine Hamen oder Schreyne mit nehmen, bey Straffe eines Gulden, halb unßerm gnädigsten Fürsten und Herren, das ander denen Fischern.

Item wann ein Fischer mit dem Werbegaren föhret, so soll er keine Hamen oder Schreyne mit nehmen, bey Straffe eines Gulden, halb unßerm gnädigsten Fürsten und Herren, das ander denen Fischern.

Item wann ein Fischer mit dem Schreyne föhret, so soll er keine Hamen mit sich nehmen, bey Straffe eines Gulden, halb unßerm gnädigsten Fürsten und Herren, das ander denen Fischern.

Item es soll kein Fischer befuegt seyn, mehr alß sechs Reußen zwischen der Brücken und dem Zaune zu legen (doch soll ihm frey stehen, solche zu legen und zu heben wann er will) bei Straffe ein Ortsgulden, und soll getheilet werden, wie obstehet.

Item es soll kein Junge Reuße aus Stadt legen

oder dieselbe heben bey Straffe eines halben Gulden, und soll getheilet werden, wie vorgemeldet.

Item, es soll kein Fischer befugt sein mehr als vier Reußen bey die Möhlen zu legen, und soll solches wenden, biß bey den Zaun und ihnen zusammen gelten, und soll keiner die Nacht dabey fahren, bey Straffe zwey Gulden, und soll getheilet werden, wie vorgemeldet.

Item wann eine ehrbahre Fischerszunfft beysammen ist, so soll kein Junge oder sonst einer bey die Reußen, Hamen oder sonst wohin fahren, biß so lange das Hand=werck gehalten ist, bey Straffe ein Ortsgulden, und soll getheilet werden wie vorgemeldet.

Item es soll keiner bey der Nacht Hamen, bey Straffe eines halben Gulden, und soll getheilet werden, wie obstehet.

Item, wenn einer die Nacht droben uffm Waßer ge=weßen, so soll er dieselbe Nacht auch nicht hinunter fahren bey Straffe eines halben Gulden, und soll getheilet werden, wie obstehet.

Item es soll kein Fischer mit zwey Fahrtgaren in den Wogck fahren, es geschehe dann mit des gantzen Haudt=wercks Bewilligung, bey Straffe eines Gulden und soll ge=theilet werden, wie vorgemeldet.

Item es soll kein Fischer befugt seyn am Tage in unßerm Waßer Staubenetze zu setzen mit dem Jagen, es geschehe dann mit der gantzen Zunfft Bewilligung, bey Straffe eines Gulden; auch soll er des Nachts nicht mehr alß vier Staubenetze setzen, setzet er aber zwey Waren=reußen, so soll er nur zwey Staubenetze setzen, bey Straffe eines Gulden, und die Garenreußen sollen des Morgens mit genommen werden, und des Tages nicht stehen bleiben, bey Straffe vier alb., und soll getheilet werden, wie vorgemeldet.

Item es soll kein Fischer uff einen Sontag die Reußen heben oder heben laßen, es geschehe dann nach

Ausgang der Vesper=Predigt, bei Straffe eines Gulden, und soll getheilet werden, wie vorgemeldet.

Item es soll kein Fischer befugt seyn uff den Sonntag uff das Waßer zu fahren, zu Sommerszeiten zwischen Ostern und Michaelis biß des Abends umb sechs Uhre, zu Winterszeiten aber nach Michaelis biß zu denen Ostern umb fünff Uhre, und sollen die gemeine Heyligentage hierinn vollkomlich begriffen sein, und also wie uff den Sontag gehalten werden, bey Straffe eines Ortsgulden, und soll getheilet werden, wie vorgemeldet.

Item es soll kein Fischer uff einen Sonnabend länger, dann, daß er des Abends umb fünff Uhr daheim sey, fahren, würde aber einem, wann er des Morgens außgefahren, unterwegen Unheil verlauffen, daß er es nicht erlangen könte, sollen ihm noch zwey Stunde noth halben zugegeben werden, und weiter keine Entschuldigung von ihm angenommen werden; item sollen die gemeine heylige Abenden auch hierinn begriffen seyn, bey Straffe eines Gulden, und soll getheilet werden, wie vorgemeldet.

Item, es soll kein Fischer uff die vier Hauptfeste des Jahrs uff das Waßer fahren, des andern Tages auch nicht, es sey dann die Vesper=Predigt auß, alsdann mag er bey die Reußen fahren, welcher hierinn betretten wird, soll die Straffe einen Gulden seyn, und soll getheilet werden, wie vorgemeldet.

Item es soll ein jeder Zunfftgenoße schuldig seyn, wann er ins Handtwerck gefordert wird, zu erscheinen, wird aber einer ohne Erlaubniß über die Stunde außen bleiben, so soll er 4 alb. Straffe geben, auch soll keiner auß dem Handtwerck gehen, biß alles beschloßen, bey Straffe zwey alb., und soll getheilet werden, wie obstehet.

Item es soll kein Fischer befugt seyn mehr als einen Fachrein und zwölff Pflockreußen zu schlagen, auch gantz keine Reußen in die Scheren zu legen; item soll keiner mehr alß einen Fachrein stellen, damit keiner dem andern Hindernüß mache, alles bey Straffe eines Gulden, und soll getheilet werden, wie vorgemeldet.

Item es soll kein Fischer befugt seyn mehr alß vier Reußen gegen einander an den Grieß zu machen, auch keinen Ancker noch Pflock daran zu machen, sondern nur ingeschoßen, bey Straffe eines Ortsgulden, unvt soll gethellet werden, wie vorgemeldet.

Item es sollen keine zwey auß einem Hauße in zweyen Schiffen, sondern nur in einem Schiffe fahren, bey Straffe eines halben Gulden, und soll getheilet werden, wie obstehet.

Item es soll kein Fischer befugt seyn, einen, der außerhalb der Zunfft ist, mit ufs Waßer zu nehmen, bey Straffe eines halben Gulden, und soll getheilet werden, wie obstehet.

Item wann einer bie Nacht Schnüre leget oder Staubenetze setzet, so soll er dieselbe Nacht nicht uff die Lause gehen bey Straffe eines Ortsgulden, und soll getheilet werden, wie vorgemeldet.

Item es soll ein Fischer von Ostern biß uff Michaelistag, gantz keine kleine Fische fangen, außgenommen Schmerlen und Erlitzen, so ihm mit einem engen Hamen zu fangen vergönnet seyn soll, wird aber einer oder ander hierinn übertretten, daß er andere kleine Fische mitunterfänget, soll die Straffe seyn ein halben Gulden, und soll getheilet werden, wie vorgemeldet.

Item soll sich kein Fischer unterwinden Henrich Deichmann Möhlenmeyern einen Fischkorb zu machen oder zu verkauffen, bey Straffe von jedem Korbe einen Gulden, und soll getheilet werden, wie obstehet.

Item es soll kein Fischer ohne Bewilligung der gantzen Zunfft mit denen Bauren des Fischens halben Gemeinschafft haben, mit ihnen zu fahren oder mit ihnen Grotelitze oder Staubenetze zu setzen oder Schnüre zu legen; würde aber einer solche heimlich in andere Waßer legen oder setzen, der soll sein Abentheur wagen, bei Straffe eines Gulden, und soll getheilet werden, wie obstehet.

Item weil Claus Casselmans undt Berndt Thomas Sohn ein jeder vor sein Meisterrecht einen Reichsthaler gegeben, alß ist von der gantzen Zunfft bewilliget und beschloßen worden, daß hinführo eines jeden Meisters Sohn vor sein Meisterrecht einen Reichsthaler geben solle.

Item es soll kein Fischer vor sich allein den Korb in das oberste Wehr setzen, sondern es soll solches dem gantzen Handtwerck zustehen und was gefangen wird, ihnen zusammen gelten.

Item wann ein ehrbahr Handwerck beysammen ist, so soll keiner den andern injurijren und schelten bey Straffe eines Gulden, und soll getheilet werden, wie vorgemeldet.

Alß nun von mihr voranbemelten fürstl. heßischem Schultheißen allhier sämbtlicher Fischerzunfft dieße ihre Ordnung auff dem Rathhauße hierselbst vorgeleßen und befragt worden, ob sie solche unverbrüchlich zu halten gedächten?, und sie dann vor mihr sämbtlich bejahet und außgesagt, daß sie dießelbe ihre Ordnung allerdings halten wollen, mich darbenebenst auch abermahls gebethen, ihnen dießelbe in ihre fürstl. Durchl. Nahmen mit meiner eigenhändigen Subscription und unterdrücktem Ringpittschafft zu confirmiren; alß habe ich solches uff beschehene Bitte alßo gethan, doch höchstgedachten meinem gnädigsten Fürsten und Herren rc. sein Recht, dießelbe zu ändern, zu mindern oder zu mehren, vorbehalten, wie auch mir, meinen Erben und Ambtsnachfolgern ohne Schaden. So geschehen zu Allendorff an der Werra den 28. Juny anno 1669.

(Nach einer alten Abschrift)

Beilage V.
Fischerordnung der Stadt und des Amts Steinheim. 1672.

Wir Johann Phillpp, von Gottes Gnaden, des hei=

ligen Stuhl zu Mainz Erzbischoff, des heiligen Römischen Reichs durch Germanien Erzkanzler und Churfürst, Bischoff zu Würzburg und Worms, Herzog zu Franken ꝛc. — Bekennen und thun kund hiermit: — Demnach Uns Unsere Unterthanen die sämtliche Fischer in Unserer Stadt und Amt Steinheim unterthänigst zu vernehmen gegeben, wasmaßen sie hierüber bei weiland Unseren Vorfahren Erzbischoffen und Churfürsten zu Mainz mit gewisser Ordnung versehen gewesen, selbige aber durch das langewährige deutsche Kriegswesen gänzlich in Abgang kommen, worüber bei dem Handwerk allerhand schädliche Unordnungen und Beschwerungen eingerissen, Uns diesemnach gehorsamst bittend: Nach damahlen Ihnen sowohl als dem gemeinen Wesen an Anricht- und Unterhaltung guter Ordnung merklich gelegen; Wir gnädigst geruhen wollten ihnen angeregte ihre vormals etwa gehabte Ordnung zu bestätigen, auch dergleichen von neuem zu geben, und zu ertheilen. —

Daß Wir sothann an Uns gelangte Bitte auch gemelter Unserer Unterthanen, sonderlichen sowohl als dem gemeinen Nutzen und Bestes in Gnaden angesehen, und Denenselben ihre Ordnung mit gutem Vorbedacht und rechtem Wissen bestätiget, auch dieselbe von neuem ertheilt und gegeben haben, nachfolgenden Inhalts: —

1) solle keiner zum Fischer angenommen, noch im Fischen zugelassen werden, er wäre dann eines Fischers Sohn, oder hätte bei den Fischern drey Jahre für einen Jungen gedient, oder das Handwerk anderer Orten redlich gelehrnt. —

2) Sollen zwar diejenige, so das Handwerkthum das dritte oder halbe Theil oder gar nicht gelernet, aber doch schon lange Jahr her selbiges exercirt, vor dießmalen bei Aufrichtung der Zunft eingelassen werden, jedoch dergestalt, daß sie dem Handwerk zuforderst 10 Gulden erlegen, ihre Söhne aber gebührend aufdingen, und bei andern Meister lernen lassen. Dergleichen aber inskünftig keiner mehr zugelassen werden solle. —

3) soll er sich mit gebührlichen, Geld, Wein und Wachs, nämlich, ein Fremder der noch nicht in der Zunft, ½ Gulden an Geld, 1 Pfund Wachs, 6 Batzen Leuchtergeld und ein Viertel Wein. Ein Einheimischer oder der eines Zunftbruders Sohn wäre, 1 Pfund Wachs, 6 Batzen an Leuchtergeld, ein Viertel Wein Einkauf, und einen ehrlichen und löblichen Namen in die Zunft bringen. —

4) Solle keiner zugleich Fischer und Schiffer sein, sondern jedweder seines Berufs warten, niemand dem andern Eintrag thun. —

5) Solle das Fischen auf Sonn= und Feyertäge, wie auch auf Sonn= und Feyernachts verbotten sein, bei Strafe eines Gulden. —

6) Solle auf Sonn= und Feyertag=Abends vor dem Ave Maria Läuten keiner in die Fisch fahren, bei angesetzter Straf, doch können auf den Nothfall die Reusen auf Sonn= und Feyertage mit Erlaubniß der Obrigkeit gehoben werden. —

7) Sollen die Reusen des Nachts zu heben verbotten sein. —

8) Sollen die Amts Bachherrn= und Bahnwasser (?), bei Straf 10 Gulden verbotten sein, und darin Niemand ohne Erlaubniß weder Tags noch Nachts zu Fischen Macht haben. —

9) welcher Fischer Büdschiff begehrt zu legen, solle mit den andern losen, und ein Stich um die andere verlooset werden. —

10) Solle in einem Hauß mit zwei Schelchen oder mit zweyen Gahren zu fahren verbotten sein, bei Straf 2 Gulden. —

11) Sollen alle lange Schnur verbotten und keiner mehr als 18 Querschnur legen, bei Straf eines ½ Gulden, so oft das geschieht. —

12) Sollen die Breitgarn ganz und gar verbotten

sein, es seye dann, daß es mit Obrigkeitlicher Erlaubniß geschehe. —

13) Sollen die Setzgarn auf St. Johannis-Tag das erstemal fortzusetzen erlaubt sein, und solle mit gemeltem Setzgarn eine Ordnung gehalten werden, damit keiner den andern vervortheilen möge. —

14) Solle das Nachtleuchten, Garnstecken, Racketenwerfen verbotten sein, bei Straf 10 Gulden. —

15) wann einer gescholten wäre, solle ers inner 14 Tagen dem Kerzenmeister anzeigen, und sich mit seiner Gegenparthie in den nächsten 14 Tagen oder 4 Wochen in beisein des Kerzenmeisters vertragen, oder das Fischen vermeiden, bis er wieder gut gemacht ist, auch da er es über die Zeit anstehen lies, gar aus der Zunft sein. —

16) Wann einer in der Zunft wäre, und sich darnach unreblich machte, daß man verursach könne, ihn aus der Zunft zu thun, solchen solle das Fischen auch verbotten sein. —

17) solle auch keinem mehr 6 oder 7 Lochenstecken (!) zu setzen erlaubt sein, bei Straf 1 Gulden.

18) Den Fischtag betreffend, wollen sie Fischer der Obrigkeit nicht ein- oder vorgreifen, sondern dieselbe wird nach Erkenntniß der Zeit, und des Taxes anderer Orthe, den Tax jährlich zu machen wissen, dem sich darum jeder gemäß verhalten, oder sich obrigkeitlicher Strafe unterwerfen solle. —

19) sollen die Weißfisch zwey Pfening, die Barben drei Pfening und andere bessere Fisch ein Kreutzer wohlfehler, den hiesigen Bürgern als den Fremden verkauft werden. —

20) Sollen keine Fische von Ihnen außerhalb getragen oder verkauft werden, es seye dann dieselbe zuvor allhier feil gebotten worden. —

Letzlichen. Wann auch gesammte Zunftbrüder, zur Leich oder Gebet berufen würden, und sie darüber ausblieben ohne erhebliche Ursach, solle ein Viertel Wein und ein halb Pfund Wachs zur Straf angesetzt sein, und damit sich mit der Unwissenheit hierinnen keiner zu entschuldigen hätte, soll diese Ordnung der Fischer jährlich auf Pfingst-Dienstag bei öffentlicher versammelter Zunft und Brüderschaft insgemein vorgelesen werden. —

Diesemnach Unsern Ober- und Unterbeamten unseres Amtes Steinheim gnädigst befehlen, daß sie obgedachte Meistern des Fischerhandwerks bei dieser ihnen bestätigtet und von neuem gegebene Ordnung bleiben lassen, darwieder nicht beschweren, noch daß es von andern geschehe, gestatten, sondern sie dargegen darbei vielmehr Schutz und Handhabung auch dahin sehen sollen, damit die vorfallende Strafen, zu zweien Drittheilen gebührend eingebracht und Uns verrechnet, dem Handwerk aber ein Drittheil davon gelassen werden. —

Zur Urkund dessen haben wir unsern Kanzlei-Sekret-Insiegel an diesen Brief henken lassen, der geben ist, zu St. Martins-Burg in Unserer Stadt Mainz den **sechsten Monatstag Aprilis im Sechszehen-Hundert, zwey und siebenzigsten Jahr.** —

Fünfter Abschnitt.
Die Landzüge.

Die Landzüge hatten einen zwiefachen Zweck. Sie galten entweder nur der Ausübung einer Stromherrschaft oder waren den Grenzbezügen gleich, welche durch die Gerichtseinsassen auf dem Lande gehalten wurden. Wie bei letztern meist alljährlich in feierlichem Zuge — in den alten mainzischen Aemtern geschah es am Fronleichnamstage mit Prozession — die Grenzen des Gerichts umgangen wurden, so geschah es hier auf den die Landesgrenze bildenden

Flüssen zu Schiffe. Obwohl ich von diesen Bezügen der Wassergrenzen nicht früher als im 16. Jahrhundert die erste Nachricht gefunden, so sind sie doch sicherlich älter. In Hessen fanden alljährlich mehrere solcher Fischerzüge statt. Einer derselben geschah auf der Fulda, so weit diese die Grenze zwischen Hessen und Hannover bildete. Unter Führung des Hoffischers mit Beihilfe der Fischer des Amtes Kassel, welche einen Theil ihrer Kähne und ihres Fischerzeugs dazu stellen mußten, und in Gemeinschaft mit dem hannöverischen Schulzen von Landwehrhagen und der Fischer des Amts Münden, welche vorausfuhren, begann man den aus mehreren Kähnen bestehenden Zug bei Wilhelmshausen am Wandsteine (Grenzsteine) und zog die großen Ziehgarne im Wasser bis Spieckershausen. Dieser Landzug dauerte an 8 Tage und zuweilen noch länger. Ehé der Zug begann, erhielten die Fischer ein Essen und ebenso nach dessen Vollendung, wofür später eine Geldvergütung (4 Thlr. 2 Alb.) gegeben wurde. Außerdem empfingen sie für die Fahrt Proviant (im Anfang des vorigen Jahrhunderts: 4 Zober Bier, 700 Tafelbrode, 24 Pfund Speck, 1 Metze Salz, 1 Maß Weinessig, 8 Pfund Wildpret, 8 Pfund Rindfleisch, 8 Loth Pfeffer und 8 Loth Ingwer) und eine Vergütung in Geld. Alle Hauptfische, welche gefangen wurden (in der Regel nur wenige Pfunde), mußten an die Hofküche geliefert werden, wogegen alle kleineren Fische (Weißfische und Barben) auf den Schiffen zubereitet und gemeinschaftlich verzehrt wurden.

Der andere Landzug galt der mainzischen Grenze und wurde nur von hessischen Fischern gethan. Er begann vor der fritzlarschen Brücke und ging auf der Eder hinab bis Kappel und dann auf den adeligen Wassern weiter bis zur Altenburg.

Ein dritter Zug war jedoch kein eigentlicher Grenzzug. Derselbe begann bei der Altenburg und ging bis an das wolfershäuser Mühlenwehr bei Grifte.

Auch bei diesen wurde es in ähnlicher Weise gehalten, wie bei dem hannöverischen.

An der mittleren Fulda übten ehemals die hessischen Fürsten einen Landzug, der unter der Brücke zu Hersfeld begann und bis an den Stephansberg im Amt Rotenburg fortgesetzt wurde, und wozu alle Fischer auf dieser Strecke mit ihren Schiffen, Garnen und anderem Zeug dienen mußten, wogegen denselben Bier und Brod gereicht wurde.

Ebenfalls noch im 17. Jahrhundert fand auf der Eder von der Brücke zu Frankenberg bis in's Gericht Viermünden ein „Gerichtszug", also ein Grenzzug, statt; noch ein anderer auf dieser Strecke, durch den man die Oberherrschaft auf der Eder ausübte, war der Land=salmenzug, der seit 1659 in dem Leihebriefe über die Fischwasser ausdrücklich vorbehalten wurde. Er fand im April statt, wann „die Salmen im Stieg" waren, und ihm voraus ging eine Hege, während der alles Schiffen und Fischen verboten war. Nur die Salme, welche man fing, kamen zur Hofküche; Hechte, Barsche, Forellen ꝛc. erhielten die Beamten.

Sechster Abschnitt.
Die Fischhege.

Schon in früher Zeit fand man sich veranlaßt, zur Sicherung und Erhaltung der Fischereien bestimmte Hege=zeiten zu setzen und durch Strafandrohungen alle Störungen der Fischwasser und alle diejenigen Arten von Fischereien zu verhindern, welche den Fischen schädlich werden*). Die

---

*) In dem Weisthume eines Wildbanns an der Mosel wird gesagt, daß jeder Fuhrmann an den beiden Fuhrten dreimal mit der Geisel in den Bach schlagen solle, damit kein Fisch zertreten werde; unterlasse er das, so solle er sein bestes Pferd verloren haben. v. Lebebur, allgem. Archiv XIV. S. 313.

letzteren sind zum Theil schon oben angeführt; noch andere Bestimmungen, welche sich jedoch mehr auf eine Regelung des Gebrauchs der Fischereigeräthschaften beziehen, finden sich in den älteren Fischerordnungen. Diese bestimmen auch schon über diejenigen Zeiten, in denen gewisse Fischereiarten nicht stattfinden sollten. So sollte nach der witzenhäuser Ordnung kein Fischer vor Petritag seinen Pfahl schlagen und zwischen Ostern und Martini sich bei gewöhnlichem Wasserstande nicht des Schragens bedienen. In ähnlicher Weise bestimmte die allendörfer Ordnung, daß von Ostern bis Michaelis kein Fischer kleine Fische fangen solle, es seien denn Schmerlen und Erlitzen.

Die Fischereiordnung des Landgrafen Philipp setzte die Hegezeit von Cathedra Petri (22. Februar) bis Johannistag (24. Juni) fest. Die Verordnungen von 1657 und 1711 beschränkten sie hingegen auf Pfingsten, gleichwie die von 1730 und die Grebenordnung von 1739, sowie auch die späteren auf die Zeit vom 22. Februar bis Ende Mai.

Die hessen=kasselsche Ordnung von 1777 sprach sich auch über die Hegezeit für die Forellen aus, welche die frühern Verordnungen deshalb nicht erwähnten, weil die Forellen=fischerei bisher ausschließlich und unmittelbar von der Landes=herrschaft betrieben worden war, und bezeichnete als solche den Zeitraum vom 1. Oktober bis zum 30. November. Nur der Lachsfang wurde unbeschränkt gelassen, weil der Lachs nach dem Laichen wieder zur See gehe.

Die hessen=darmstädtische Verordnung von 1642 setzte ebenfalls die Hegezeit von Cathedra Petri bis zum 25. Mai, doch nur in Bezug auf die kleinen Gewässer, wogegen sie das Fischen mit Lausen, Hahmen und Reusen in großen Bächen und Flüssen auch in dieser Zeit gestattete. Die Hegezeit für die Forellen beschränkte sie auf den Monat September, sowie die der Grundeln auf den Monat April.

Ferner untersagten die Verordnungen das Flachs=rösten in den Bächen und gestatteten dasselbe nur in den

Flüssen (die hessen-darmstädtische von 1642 nennt ausdrücklich die Lahn und Eder) und in eigenen Wannen und Löchern.

Um das übermäßige Fischen in den Gemeindewassern zu verhüten, war dieses schon seit älterer Zeit beinahe allenthalben auf einige Tage in der Woche beschränkt, gewöhnlich Mittwoch und Freitag, oder wie zu Fritzlar auf Montag, Mittwoch und Freitag. Auch die Ordnung von 1559 behielt die Beschränkung auf Mittwoch und Freitag bei und rechtfertigt dieses durch die Erfahrung, daß durch das zu viele Fischen nicht nur die Wasser verwüstet, sondern auch der Müßiggang zu sehr gefördert werde. Noch entschiedener spricht sich darüber Landgraf Ludwig IV. im Jahr 1581 aus: An vielen Orten befleißigten sich die Handwerker und Bauern mehr des Fischens als ihrer Hausnahrung und Arbeit, besuchten die Wein- und Bierhäuser und geriethen durch Spielen und Retschen ins Verderben. Die hessen-darmstädtische Verordnung von 1642 bedient sich beinahe derselben Worte, am stärksten aber ist die Schilderung, welche die hessen-kasselsche Verordnung von 1647 gibt: „Unter den Bürgern und Bauern befänden sich viele Lediggänger, welche ihre Gewerbe und Arbeiten liegen ließen und sich dagegen auf den Müßiggang und beinahe tägliches Fischen legten, worüber sie dann auch in die Wirthshäuser zum Fressen und Saufen geriethen und nicht nur das, was sie für die Fische gelöst, sondern noch ein Mehreres verschlemmten und durchbrächten" 2c. Zugleich wurde bestimmt, daß die Gemeindefischereien nur von eingesessenen Einwohnern betrieben werden, daß keiner mehr als einen Hamen haben und daß jeder allein und nicht in Gesellschaft mit andern fischen sollte, wozu die hessen-darmstädtische Verordnung von 1642 noch hinzufügte, daß dieser Fischfang nicht zum Handel, sondern nur für die eigene Haushaltung erlaubt sein sollte.

Die hessen-kasselsche Verordnung von 1711 beschränkte

endlich die Fischerei auf einen Tag in der Woche, den Freitag, und auch dieses nur auf so lange, bis man die Fischerei verpachten könne, weshalb denn auch 1730 schon von den Fischtagen keine Rede mehr ist, und dagegen die Verpachtung einfach und ohne jede Ausnahme geboten wird.

Die zum Zwecke der Bewässerung der Wiesen angelegten Wehre sollen nicht höher sein, als es nothwendig ist und Aufgänge haben, in welchen die Fische übersteigen können; wo aber diese Wehre nicht nöthig sind, sollen dieselben abgelegt und überhaupt bei trockenem Wetter nicht gewässert, und nach der darmstädter Verordnung von 1642 bei der Wässerung Gitter vorgestellt werden, damit die Fische nicht auf die Wiesen kämen. Jene Aufgänge dehnte die hessen-kasselsche Ordnung von 1711 auch auf die Mühlwehre in kleinen Flüssen aus und bestimmte deren Weite auf $1/4$ Fuß; auch verbot dieselbe bei der Wässerung das Trockenlegen der Bäche, sowie den Müllern das Anhängen von Aalkörben.

Sobald die Zinswasser aus den Ufern getreten, soll außerhalb der Ufer nicht gefischt werden.

Auch das Legen von Trögen, Körben und engen Krebsreusen, das Zuwachsenlassen und die eigenmächtige Veränderung der Bette kleiner Bäche, das Reinigen der Mühlgraben ohne Aufsicht beeideter Fischer wurde untersagt; desgleichen verboten, während der Laichzeiten mit Schießwaffen oder Hamen an den Ufern der Fischwasser sich aufzuhalten.

Es wurde ferner ein bestimmtes Maß gegeben, unter dem die Fische und Krebse nicht gefangen werden sollten, und für die Erhaltung der letzteren noch besondere Bestimmungen getroffen.

Die eben genannte Ordnung von 1711 untersagte auch das Halten zu vieler Enten, und gebot die Vertilgung der Fischottern, der Fischadler und der Reiher, die letzteren jedoch nur da, wo sie nicht gehegt würden, eine Beschränkung, welche später, nach dem Eingehen der Reiherbaize, wegfiel.

Siebenter Abschnitt.
Der Fischmarkt.

Beinahe jede Stadt hatte ehedem ihren besonderen Fischmarkt, welcher durch den sog. Fischstein bezeichnet war. Die Fischereiordnung von 1559 untersagte jedes Hausiren und gebot, daß jeder Fischverkäufer seine Fische auf den öffentlichen Markt bringen solle, und zwar lebendig, wie die Ordnung von 1581 hinzufügt. Die Ordnung von 1657 bestimmte ausdrücklich zwei Fischtage, Dienstag und Sonnabend, wo jeder, der Fische verkaufen wolle, dieselben beim Fischstein feil bieten solle. Doch sollte es nicht verboten sein, auch an anderen Tagen Fische auf den Markt zu bringen. Auch von den späteren Ordnungen wurden diese Bestimmungen wiederholt.

Ebenso wurden in den älteren Ordnungen die Preise bestimmt. Der Verkauf aber geschah theils nach dem Gewichte, theils nach dem nassen Gemäß. Nur die Krebse wurden gezählt. Schon in den ältesten Zeiten bestanden aller Orten Gewohnheiten, um die Fischer zu nöthigen, die Waare zu billigen Preisen abzulassen. Aristonicus verfügte, daß die Fischer bei dem Verkaufe ihre Fische hängen sollten, und in Athen durften die Fischer ihre Fische nicht mit frischem Wasser versehen. Die wiener Stadtordnung von 1340 verordnete, daß die Fischer ohne Mantel und ohne Hut oder Kogel, vielmehr „mit blosem Haupt, in Sonne und Regen, in Sommer und Winter" auf dem Markte stehen sollten, so lange sie Fische feil hätten; auch sollten sie den Fischen, welche 12 Pfennig oder mehr werth seien, und die sie an demselben Markttage nicht verkauften, den Schwanz (Zagel) abschlagen. Wer aber dagegen handelte, sollte es mit 60 Pfennigen verbüßen. Aehnliches sehen wir auch in der hessischen Stadt Eschwege, obwohl jetzt außer Uebung. Bereits 1376 wurden die von Lichberg mit dem

Rechte belehnt, alle Fische auf dem dortigen Markte zu nehmen, bei welchen der Verkäufer nicht stehe („wilch fyscher nicht entsteb, wan he fysche vorkoyst zu Eschenwege, dy mag he vff hebin"). Noch deutlicher sprechen sich die Lehnbriefe der von Eschwege darüber aus, welche jenen in diesem Lehen folgten. Diese werden schon seit 1436 folgendergestalt belehnt: „auch daz sie eyn Recht haben, wer vff deme Marckte zcu Esschenwege Fysche soyle habe vnd sich bij die Fyssche secze, der habe die Fysche virloren vnd die Fysche gehoren yn, es enwere dan daz eyn Frauwe swanger gynge". In Jena durfte sich der Fischverkäufer nicht setzen*), sowie in Halle kein Einwohner einem fremden Fischer den ganzen Vorrath seiner auf dem Markt feil gebotenen Fische abkaufen, ehe derselbe drei Tage feil gehalten hatte**). Kein Märker von Altenstadt in der Wetterau durfte die gefangenen Fische eher aus der Mark tragen, bevor sie vor der Kirche oder unter der Linde zu Altenstadt oder Oberau feil geboten worden***), und ähnlich war es mit den Fischern zu Karben, welche nicht eher ihre Fische auswärts verkaufen durften, bis sie dieselben am Donnerstag auf dem Kirchbrunnen zu Kleinkarben zum Verkaufe ausgestellt hatten †). Zu Steinheim hatten die Einwohner den Vorkauf und zwar zu einem billigern Preise.

Das Stadtbuch von Hofgeismar vom Jahr 1490 sagt in Bezug auf den Marktmeister: „Sal auk so hyr Ffissche vele (feil) kommen by den Steyn gan (gehen) und de Fische besehen, welker nicht von Werden (welcher nichts werth d. h. abgestanden) sin, sal he hethen (heißen) uppe den fulen Steyn (zu) dregen (tragen) und dar vele hauen

---

*) Estor's bürgerliche Rechtsgelehrsamkeit der Teutschen I. 935.
**) Neue Mittheilungen aus dem Gebiete hist.-antiquarischer Forschungen, I. H. 2, S. 75.
***) Grimm, Weisthümer III. 456.
†) Das. S. 462.

vorlouen" (und das feil haben erlauben). Noch am 20. September 1748 wurde eine mainzische Verordnung erlassen und am 20. August 1783 erneuert, welche, gegen die Fischerzunft zu Mainz gerichtet, die Einfuhr von Fischen durch fremde Fischer erleichterte.

Achter Abschnitt.
Die Bestrafung der Fischdiebe.

Von jeher wurde der Diebstahl von Fischen aus Teichen härter gestraft als der aus fließenden Wassern, denn die Teichfische gehörten nach altem Rechte zum Besitzstande, weil Arbeit daran verwendet worden war. Deshalb belegte schon der Sachsenspiegel jenen mit einer zehnfach höheren Buße als den Diebstahl im fließenden Wasser. Diesen Grundsatz behielt auch die hessische Halsgerichtsordnung von 1535 bei, wonach der, welcher Fische aus einem Teiche oder Behälter entwende, gleich einem Diebe, der aber in fremden fließenden Wassern fische, nach Gelegenheit und Art des Fischens, der Person und der Sache an Leib und Gut nach Rath der Rechtsverständigen gestraft werden soll*). Ein bestimmtes Strafmaß geben jedoch weder diese noch die Fischordnungen des 16. und 17. Jahrhunderts. Daß die Strafe aber keineswegs gelind war, zeigen verschiedene Fälle. So wollte ein Herr von Eppenstein 1494 einem Bauer, der Krebse gestohlen hatte, den Kopf abschlagen lassen und verlangte zu diesem Zwecke den Scharfrichter von Frankfurt, aber der Stadtrath verweigerte denselben, weil der Bauer des bloßen Krebsfanges wegen den Rechten nach nicht am Leben gestraft werden könne**). Im Jahr 1575 berichtete

---
*) Hess. L.-O. I. S. 84.
**) Kirchner, Geschichte von Frankfurt a. M. I. S. 507.

der hessische Amtmann zu Eppstein an Landgraf Ludwig IV. zu Marburg: „Er habe bald nach seiner Ankunft zu Eppstein ziemlich Werg am Rocken gefunden, denn es seien nicht weniger als 9 Krebsdiebe verhaftet; seines Erachtens hätten die Krebsdiebe dieses Jahr einen bösen Aspekt am Himmel gehabt; der Heger habe den Kern aus Kastell, Kostheim und um Frankfurt anher geführt; die Erzkrebser hätten fast die ganze Zunft daherum namhaft gemacht und er hoffe, daß ihnen ein wenig gewehrt und den armen Thieren Frieden geschafft werde. Er habe auf Leib und Leben klagen lassen, darauf sie auf die Tortur erkannt, halte dafür, die Indicia seien genugsam gewesen, denn es junge starke Landstreicher und gar verleumte Personen, wie auch ihre Aussage in der Güte und der Tortur solches wohl ausweise. Nächsten Tages solle wieder Halsgericht gehalten werden und er bitte um Befehl, ob er die Strafe, wenn die Schöpfen einen oder mehrere zum Strang verurtheilen würden, sofort vollziehen lassen solle. Soviel er merke, würde das Urtheil vielleicht auf Augenausstechen ausfallen." Die fürstlichen Räthe erklärten nach Einsicht der Verhandlungen, daß, wenn auch die Diebe eine ziemliche Strafe verdient hätten, doch nach Gelegenheit der Sache und noch zur Zeit mit Augenausstechen oder mit dem Tode mit Fug wohl noch nicht zu strafen seien, sondern daß die Strafe des Staubbesens und der Landesverweisung oder eine ähnliche Strafe erkannt werden möge, und trugen deshalb darauf an, daß das Urtheil nicht gleich vollzogen, sondern erst eingeschickt werden möge. Aber der Landgraf ging nicht darauf ein, und befahl vielmehr die sofortige Vollziehung des Urtheils.

Es war eine so harte Strafe indessen keineswegs Regel, obwohl auch den gewöhnlich in Anwendung kommenden die Härte nicht fehlte. Ein Bauer, welcher 1590 in einem gehegten Wasser bei Rosenthal gefischt, wurde mit 14 Tagen Arbeit bestraft; ein anderer zu Ulrichstein in einem gleichen Falle mit 30 fl., der Müller, welcher ihm geholfen, mit 20 fl., und noch ein dritter, welcher es gesehen und nicht angezeigt, mit 10 fl. *). Es war auch üblich zur Abschreckung der Fischdiebe an den Wassern Galgen aufzurichten. Ein solcher Galgen stand z. B. lange Jahre hindurch bei Witzenhausen an der Gelster, bis er ums Jahr 1610 umfiel. Als jedoch nachher die Fischerei daselbst an Melchior v. Bodenhausen verpfändet wurde, richtete dieser 1622 einen neuen Galgen daselbst auf.

Gegen Anfang des 17. Jahrhunderts wurde der Fischdiebstahl in der Regel mit einigen Jahren Landesverweisung geahndet. Als die v. Dorsch 1641 bei Viermünden in der Eder einen Salm fingen, belegte sie Landgraf Philipp von Hessen-Darmstadt mit 100 fl. Strafe. In späterer Zeit ließ man den Unterschied, ob der Diebstahl im Teiche oder im fließenden Wasser geschehen, fallen, und eine Verordnung von 1711 bestimmte, daß der Fischdiebstahl gleich dem Wilddiebstahl bestraft werden sollte, welches auch die spätern Verordnungen wiederholen, und namentlich die Offiziere mit Kassation bedrohen. Im Jahr 1785 wurde der Fischdiebstahl je nach der Gattung der Fische mit 10 oder 20 Thlr. Strafe belegt, die sich verdoppeln sollte, wenn der Diebstahl bewaffnet oder bei nächtlicher Zeit geschehen sei. Wer diese Geldstrafe nicht erlegen könnte, sollte dieselbe im Zuchthaus abbüßen. Besonders geschärft wurden die Strafbestimmungen noch für die Soldaten; diese sollten mit Gassenlaufen oder anderer Körperstrafe belegt, die Offiziere auf die Festung gesetzt und, wenn sie die Soldaten dazu verleitet hätten, kassirt werden**). Erst die neuere Zeit entfernte die Körperstrafen und bestimmte statt dessen Geldbußen; nur der Diebstahl aus Fischkasten sollte dem gemeinen Diebstahl gleich behandelt werden.

---

*) Der Letztere hatte nichts als einen eisernen Ofen; dieser wurde als Pfand genommen und verkauft.
**) Kopp, Handbuch 2c. III. 533 2c.

Neunter Abschnitt.
Die Fische.

In dem Nachfolgenden will ich es versuchen, eine Uebersicht der in den hessischen Gewässern vorkommenden Fische zu geben, doch ehe ich dazu schreite, glaube ich erst die Frage berühren zu müssen, ob die Menge der Fische gegen ehemals sich verringert habe. Betrachtet man zuerst die Teichfische, so kann die Frage keinen Augenblick zweifelhaft sein, denn die bei weitem größere Zahl der Teiche ist eingegangen. Nicht minder fest steht aber auch die Thatsache, welche unten noch näher belegt werden wird, daß die Zahl der aus dem Meere aufsteigenden Fische sich gegen ehemals außerordentlich verringert hat. Schon seit Jahrhunderten gibt man als die wesentlichste Ursache die Erhöhung der Wehre an; doch ist dieses schwerlich die einzige Ursache, denn ehemals waren weit mehr Wehre vorhanden, als noch heute, und so wenig später deren Besitzer sich an ein gewisses nicht zu überschreitendes Maß banden, eben so wenig ist dieses sicherlich auch früher geschehen. Dazu kommt dann noch, daß nicht nur in der untern Weser, sondern auch im Rheine jene Fische sich bedeutend vermindert haben, ungeachtet diese Ströme ihrem Stiege nirgends ein derartiges Hinderniß entgegenstellen. Ohnehin vermögen derartige Hindernisse namentlich den Lachs in solcher Weise nicht zurückzuhalten. Seine Schwungkraft ist zu groß. Nau erzählt, daß oft Lachse auf die mainzer Rheinbrücke gesprungen und so gefangen worden seien. Vor 14—15 Jahren hatte man in der Eder bei Frankenberg einen Lachs so eingeengt, daß man ihn schon sicher zu haben glaubte, als er sich plötzlich über die Kähne hinwegschwang und seinen Verfolgern das Nachsehen ließ. Es müssen also noch andere unbekannte, außer dem Bereiche des Menschen liegende, aus veränderten Naturzuständen hervorgegangene Ursachen mit eingewirkt haben. Bei weitem schwieriger ist hingegen die Frage: ob auch die Zahl der in unsern Flüssen im engern Sinne heimischen Fische sich vermindert habe? In der Regel wird auch diese Frage unbedingt bejaht und zwar mit Hinweisung auf die schlechte Befolgung der die Fischerei regelnden Ordnungen, namentlich die über die Hegezeit, die Schonung der Brut, die Größe der Fische, die Art und Weise des Fanges ꝛc. Aber so sehr alles dieses auch auf den Fischbestand von Einfluß ist, so irrt man doch sehr, wenn man glaubt, derartige Verfügungen seien ehedem sorgfältiger befolgt worden, als dieses gegenwärtig der Fall ist. Auch die Angaben über den ehemaligen Ertrag der Fischereien sind für eine allgemeine Beurtheilung ebensowenig eine sichere Grundlage, als die Thatsache, daß früher eine weit größere Zahl von Menschen sich durch den Fischfang ernährte, denn das letztere ist leicht dadurch zu erklären, daß die Fische damals schon wegen der Fasten ein Hauptnahrungsmittel abgaben. Ich gestehe es offen, daß ich jene Frage weder mit Ja noch mit Nein zu beantworten wage. Nur das ist unzweifelhaft, daß in neuester Zeit die Dampfschifffahrt einen in hohem Grade nachtheiligen Einfluß geübt hat, denn durch den heftigen Wellenschlag werden die Fische nicht nur sehr beunruhigt, sondern es wird auch durch die schäumende Brandung an den Ufern der Laich zerstört. Eben so nachtheilig wirken sicher auch viele gewerbliche Anlagen durch ihre Abflüsse darauf ein.

Bei der nun folgenden Zusammenstellung habe ich im Allgemeinen **Bloch's Oekonomische Naturgeschichte der Fische Deutschlands**, für einzelne Gegenden aber die folgenden Werke zu Rathe gezogen: Oekonomische Naturgeschichte der Fische in der Gegend um Mainz von Nau, Mainz 1787, und dessen Nachtrag ꝛc. 1788. Fauna boica von v. Reider und Hahn. Vierte Abth. Fische. Nürnberg 1834. Verzeichniß der Steine und Thiere, welche in dem Gebiet der freien Stadt Frankfurt und deren nächsten

Umgebung gefunden werden von B. J. Römer=Büchner. Frankfurt a. M. 1827. Beiträge zur Naturgeschichte der Fische im Rhein, in Sanders kleinen Schriften, nach dessen Tode herausgegeben von Göh. Dessau und Leipzig 1784. 1r Bd. S. 233 ff. — Etwas über zahme und wilde Fischerei im fuldaischen Lande, in Welle's Buchonia, eine Zeitschrift zum Nutzen und Vergnügen. Fulda. 1r Band. S. 40 ꝛc. Die Fische der Eder und der benachbarten Bäche (vom Forstrath Waldeck) in der waldeckischen gemeinnützigen Zeitschrift. 1r Jahrgang. Arolsen 1837. S. 43 ꝛc. Alle übrigen Angaben gründen sich theils auf historische Forschungen, theils auf Nachrichten, welche ich aus allen Gegenden des Landes eingezogen habe. Wie zum Theil bei den Vögeln, so habe ich auch hier zu der wissenschaftlichen Bezeichnung auch noch die ältere Form des deutschen Namens gefügt.

Erste Ordnung.

Der **Bärsch** (Perca fluviatilis, mhd. **Bersich**), im 16. Jahrhundert in Hessen **Bersing, Bersiken, Birssen, Persig** und später **Barschen**, und jetzt gemeinlich **Pirsch, bunte Bärsche** und **Persch** genannt, findet sich in allen unsern Flüssen und gewöhnlich reichlich; nur in der Weser kommt er minder vor. Vorzüglich beliebt ist der der Eder. Seine größte Schwere beträgt 4 Pfund. Der Bärsch ist Fluß= und Teichfisch; in den Teichen wird er in Hessen wegen seines schmackhaften und fetten Fleisches häufig gezogen und vermehrt sich dieser Fisch in unglaublicher Menge. — Die Rechnungen des 16. Jahrhunderts führen den Bärsch nur in geringer Zahl auf. Auch 1732 schlug man den Ertrag der sämmtlichen herrschaftlichen Fischwasser in Hessen=Kassel auf nur 5 Zentner an. Dieses war jedoch zu gering, wie die Rechn. von 1738 bis 1743 zeigen, denn 1739 wurden sogar 19 und 1742 an 15 Zentner gefangen. Der Preis des Pfundes wird 1559 und 1581 auf 1 Alb., 1622 auf 1½ Alb. und in Darmstadt 1642 auf 1 Alb. 4 Hlr. bestimmt.

Der Kaulbärsch (Perca cernua) früher auch Kahlbarsen sowie jetzt hin und wieder, z. B. an der Diemel und in der Wetterau Stachelbärsch, an der Lahn Kugelbarsch, im Odenwalde Dickkopf genannt, findet sich so ziemlich überall, meist an Stellen mit lehmigen Grunde, doch selten häufig. Der Kaulbärsch hat bei seiner dunkelgrünen Farbe und seinem dicken Kopfe ein ekelhaftes Aussehen, kommt im März und April aus der See und findet sich ziemlich häufig in der Fulda vor, jedoch in der Weser und auch in der obern Eder will man ihn nicht bemerkt haben. Der Kaulbärsch hat ein sehr schmackhaftes Fleisch und darf von Kranken gegessen werden. Er ist der erste Fisch, welcher nach dem Abgange des Elses mit der Angel an Mistwürmern gefangen wird, und die Schwere von einigen Lothen erreicht. In den Fischrechnungen findet man ihn immer nur in wenigen Pfunden.

Der Sander (Lucioperca Sandra), Schill oder Amaul und Nagmaul, nach dem Hecht der stärkste Raubfisch in den Binnenwassern, wird 3 bis 4 Fuß lang und 20 Pfund schwer, und ist in Hessen nicht heimisch, obwohl er ehemals in der Weser vorhanden gewesen sein soll. Schon Wilhelm IV. hatte sich 1590 Sanderarten aus Holstein verschrieben, aber sie waren auf dem Wege sämmtlich abgestanden. Später, 1746, wurden mehrere Teiche um Kassel damit besetzt und nicht ohne Erfolg, doch sind sie jetzt wieder abgegangen.

Vierte Ordnung.

Der Kaulkopf (Cottus gobio), mhd. Culhoubit, in Hessen gewöhnlich Dickkopf, an der Diemel auch Kaulquappe, an der Werra Rotzkolbe, am Main Flußgroppe und am Rhein Kaulroppe genannt. Sein liebster Aufenthalt ist unter Steinen. Da er nicht genossen wird, wirft der Fischer ihn wieder ins Wasser. Man findet ihn in allen kleinern Gewässern, in Lachen und Teichen, seltner in größern Flüssen, und nur die untere Werra macht hiervon eine Ausnahme. Auch im Main trifft man ihn zuweilen. Obwohl nur 4" lang, ist er doch ein Raubfisch.

Der Stichling, (Gasterosteus aculeatus), bei Fritzlar Stachelliz und im preußischen Kreise Arnsburg auch Sonnenfisch genannt, findet sich überall, sowohl in sumpfigen Lachen und stehenden Wassern als in kalten Quellwassern, sogar in dem Grabterwasser zu Salzhausen in der Wetterau. Er ist bei uns der kleinste Fisch und wird nur 2 höchstens 3 Zoll lang. Nur ein Fisch auf der ganzen Erde ist kleiner als der genannte, nämlich der Seestichling (G. pungitius), indem er eine Länge von nicht über 1½" erreicht.

Achtzehnte Ordnung.

Der gemeine Karpfen (Cyprinus carpio), mhd. Charfo und Charofo, ist unser gewöhnlichster Teichfisch. In Flüssen findet man ihn nur in solchen, welche eine langsame Strömung haben; auch ist die Vermehrung in den Flüssen nur gering, weil die jungen Karpfen den Raubfischen gewöhnlich zur Beute werden. In der raschströmenden Eber findet man keine, dagegen sind sie um so zahlreicher in der obern Fulda bei Fulda, im Rhein, im Main, und in der Nidda und Nidder und hier erreichen sie zuweilen eine Schwere von 24—28 Pfund. Vor allen wird der Rheinkarpfe als ein Leckerbissen betrachtet, obwohl auch der der Weser geschätzt wird. Die oberhessischen Teiche lieferten 1557: 13,521 Stück oder 426 Zentner, 1558: 7778 Stück oder 129 Zentner, 1561: 7288 Stück oder 157 Zentner, 1565: 17,100 Stück oder 266 Zentner, 1567: 6468 Stück oder 105½ Zentner und ähnlich die spätern Jahre unter Ludwig IV. Regierung, z. B. 1569: 9360 Stück oder 146¾ Zentner, 1574: 13,264 Stück oder 210 Zentner, 1619: 14,450 Stück ꝛc. Zwei Teiche in der Obergrafschaft, der Grebenbruch und der Schmalwerf, lieferten 1641 nicht weniger als 28,262 und 16,702 Stück. Dagegen wird

1732 der ganze Ertrag von allen herrschaftlichen Gewässern der hessen-kasselschen Lande auf nur 288 Zentner angeschlagen, welcher von 1738—44 nur dreimal (1740: 340 Zentner, 1741: 365 Zentner, 1742: 319 Zentner) überstiegen wurde, während der obige Ertrag doch nur der der oberhessischen Teiche war. Bekanntlich erreicht dieser Fisch ein sehr hohes Alter. Von solchen alten Karpfen befindet sich eine Anzahl im Teiche zu Wilhelmsthal, welche man von Wilhelmshöhe hierher versetzt hat. Sie sind mit starkem Moos überzogen und liegen meist unbeweglich. Ihr Alter ist jedoch deshalb nicht mit Sicherheit zu bestimmen, weil der Abgang stets ersetzt wird.

Die Karpfen sollen in Niederhessen nicht unter 1 Pfd., im darmstädtischen nicht unter $^1/_2$ Pfund Schwere verkauft werden. Der Preis des Pfundes aber wird 1559 und 1581 auf 1 Alb., 1622 auf 2 Alb. und 1642 in Darmstadt auf $4^1/_2$ Alb. im Sommer und 5 Alb. im Winter bestimmt. Im Jahr 1501 zahlte man für 200 Pfund $6^1/_2$ fl.

Der Spiegelkarpfen (C. macrolepidotus.) Auch dieser ist ein Teichfisch, welcher sich nur selten in den Flüssen und zwar nur in solchen von weichem Wasser und nicht starker Strömung findet. Im 16. Jahrhundert war derselbe in Hessen noch nicht vorhanden und Landgraf Wilhelm IV. schrieb deshalb 1573 an den Grafen Georg Ernst von Henneberg und erbat sich 50 Schock zur Besetzung des Seulingssees, aber dieser erwiderte: er könne nicht wissen, was er an Setzlingen von Spiegelkarpfen habe „die dann gar seltsam und wenig sind und sich nicht sonderlich arten oder ziehen, sondern sich nur hin und wieder ein Anzahl mit untermengen und je zu Zeiten 1 oder 2 unter 100 gefunden werden". Kaum $1^1/_2$ Monate nachher schickte jedoch der Graf 10 Schock Setzlinge und 3 (Stück?) Laichkarpfen. Man hielt den Spiegelkarpfen früher für einen Bastard von dem gemeinen Karpfen und der Schleihe.

Der Goldkarpfen oder Goldfisch (C. auratus),

ist mehr ein Zierfisch für Lustteiche, als daß er zur Zucht verwendet würde. Als solcher ist er dann auch allenthalben verbreitet, so findet man ihn jetzt auch in einigen Teichen des Reinhardswaldes und in den Teichen bei Leimsfeld und bei Wolfhagen, sowie im Waldeckschen auf dem Gute des Herrn von Benning und im Schaumburgischen.

Die Karpfenkarausche oder der Giebel (C. gibelio), mhd. Quua, ist überhaupt selten und findet sich nur zuweilen im Maine, in der Lahn und der obern Fulda, mehr noch in der untern Weser. Im Rheine wird er nicht bemerkt.

Die Karausche (C. carassius), an der untern Werra Karauschel, am Rhein Karatsche genannt, ist ein Teichfisch, der sich jedoch auch im fließenden Gewässer findet, obwohl mehr in kleinen Nebenflüssen als größern Strömen. In den letztern findet man ihn so selten, daß er vielen Fischern unbekannt ist; nur im Rhein, im Main und in der Lahn bei Gießen findet er sich mehr; selten in der Fulda, wohin er durch Brut von Schönfeld und der Karls-Aue versetzt wurde, weiter befindet er sich in stillstehenden Lachen, namentlich nächst Rotenburg. In den Teichrechnungen des 17. Jahrhunderts wird er unter dem Namen Kraussen und Krauschen aufgeführt, aber immer nur in geringer Zahl. Von 1724—29 wurden durchschnittlich jedes Jahr 1 Zentner 26 Pfund am kasselschen Hofe verbraucht und 1732 schlug man den ganzen Ertrag aus den herrschaftlichen Wassern im Hessen-Kasselschen auf 5½ Zentner an. Doch lieferte 1723 allein der leimsfelder Teich 4 Zentner und 1738 sogar 5 Zentner 91 Pfund, wodurch der Gesammtbetrag im letztern Jahr denn auch mehr als 8 Zentner betrug.

Der Bitterling (C. amarus), ein kleiner, wegen seines bittern Geschmacks kaum zu genießender Fisch, kommt im untern Maine, wo er auch Kneller heißt, obwohl nicht häufig und nur an besonders klaren Stellen mit sandigem Grunde vor. Der Bitterling folgt in der Größe nach dem Stichling, denn er wird nur 2 bis 3 Zoll lang, ist aber im Verhältniß mehr hoch.

Die Barbe (C. barbus), mhd. Barbo, ist beinahe in allen unsern Flüssen heimisch und in der Weser und Diemel sogar der Hauptfisch, obwohl seit dem großen Fischsterben im Jahr 1841 und in Folge der Dampfschifffahrt die Zahl sich sehr gemindert hat. Mitunter werden in der Fulda noch Barben von 10 und mehr Pfunden gefangen; unter der Neuen Mühle fing man in neuerer Zeit einen von 15 Pfund. Auch im Rhein und Main sind sie heimisch, hier zahlreicher, dort aber größer, und im Rhein hat man schon Barben von 19 Pfund Schwere gefangen, während sonst ihre höchste Schwere 10—14 Pfund beträgt. An der Mündung des Mains sollen jährlich an 200 Zentner gefangen werden. Vorzüglich gern hält er sich da auf, wo Flachsrößten sind. In der Schwalm wird die Barbe, je höher man kommt, um so seltener, so daß sie oberhalb Treisa schon eine sehr seltene Erscheinung ist. Auch in der Antreft, im Ziegenhainischen, der Nidder und dem Seemen in der Wetterau, sowie in der Mümling und Gersprenz im Odenwalde ist dieser Fisch unbekannt. Eigenthümlich ist es, daß solche Fische, wenn sie in Fischkästen aufbewahrt werden und trübes Wasser hinzukommt, über Nacht in wenigen Stunden so in Fäulniß übergehen, daß nichts als die Gräten davon übrig bleiben. Im Jahre 1482 wurde eine ungeheure Menge in der Fulda gefangen. (Hessische Zeitrechnung 1719, S. 8.) Seit dem 18. Jahrhundert kommt in den Teichrechnungen die Barbe nur noch selten vor, meist nur in wenigen Pfunden. Die hessischen Fischordnungen bestimmen ihre geringste Länge auf 8³/₄", oder später auf 8" 4''', sowie die darmstädter die geringste Schwere auf ¼ Pfund. Die ältesten Ordnungen setzen den Preis des Pfundes auf 10 Heller, die niederhessische Taxordnung von 1622 auf 3 Alb. und die darmstädter von 1642 auf 4 Alb.

Im Jahr 1523 werden „brockene Barben und Schupfische" genannt.

Die **Grasse**, die **Bachgresse**, die **Grempe** oder der **Gründling** (C. gobio), mhd. **Chresso, Grimpo, Grunbila**, findet sich in geringer Menge in allen unsern Flüssen, Bächen, Mühlgräben und Teichen, besonders häufig an Dämmen und Weidenpflanzungen in der Nähe der Ortschaften. An der obern Eder nennt man ihn **Grasse, Maigresse** und **Plattgresse**, an der Lahn **Gründling** und **Krasse**, an der Kinzig **Gresse**, am Main **Grundling, Bachkresse** und **Grässling**, an der Werra **Grümpe** und **Backpersch**, an der Fulda **Grempe**, an der Diemel **Grimpe** und **Gresse**, im Schaumburgischen **Grempe**. Die Grasse ist ein Zugfisch und kommt bei uns erst im Mai aus der See an, hat ein sehr zartes und schmackhaftes Fleisch und ist daher ein gesuchtes Essen. Er kommt selten bei uns zu 5 Zoll lang vor, sondern in der Regel nur Fingerlang und $1\frac{1}{2}$ Loth schwer. Im Jahr 1502 wurden zu Marburg „Crassen ein Gericht mit Bottern gesoden". Die marburger und darmstädter Taxordnungen von 1639 und 1642 bestimmen den Preis des Maßes Grassen auf 8 Alb. Die schaumburger von 1620 das Pfund „Grimpsen" auf $1\frac{1}{2}$ Mariengroschen; auch marburger Nachrichten aus dem Anfang des vorigen Jahrhunderts nennen den Fisch „Grimbe". Etwa 20 Stück geben 1 Pfund.

Die **Schleihe** (C. tinca), mhd. **Slio**. In den Teichen erreicht dieser Fisch an 3—4 Pfund Schwere. Er liebt besonders schlammiges Wasser und ist deshalb in den Flüssen nicht häufig, mit Ausnahme der obern Fulda, während er in diesem Flusse bei Kassel nur höchst selten vorkommt und als Brut aus den Teichen dahin versetzt wurde. Im Main findet man ihn besonders im Kanal zu Hanau, bei Offenbach und bei Frankfurt; im Rhein vorzüglich zahlreich im sog. Altrhein. In der Eder bemerkt man ihn nur

in der Nähe von deren Vereinigung mit der Schwalm;
auch fehlt er in der Schwalm oberhalb Treisa, sowie in
den Gewässern des Odenwaldes. Gewöhnlich findet man
ihn in den Flüssen nur in den stillen Buchten mit
schlammigen Grunde. In den Teichrechnungen kommt er
erst seit dem 17. Jahrhundert und meist nur in geringer
Zahl vor.

Die Goldschleihe (C. tinca auratus), findet sich
nur wenig bei uns.

Die Brasse oder der Blei (C. brama), mhd. Brah=
sina und Brahsima, ein Zugfisch, der auch in Teichen ge=
zogen wird, liebt insbesondere Flüsse mit moorigem Boden,
kommt nur im Frühjahr zu uns, um zu laichen und wird
gar zu häufig mit dem Blieck (C. blicca), dem hier nach=
genannten Fische, verwechselt. Man findet ihn im Rhein,
wo er Bresen genannt wird, im Main, wo er Blei und
Brachsen genannt wird, aber nicht häufig ist, in der
Nidda und Seemen, wo man ihn Bräse nennt und in
der Kinzig, wo er Brose genannt wird. In den Gewässern
des Odenwaldes, sowie in der Lahn, Eder und Diemel ist
er unbekannt. Dagegen findet er sich in der Weser, der
Fulda, wo man ihn Bristmann oder auch Parismann
nennt, und in der Werra, wo ihn die Fischer Biester
nennen. In der letztern scheint er zahlreicher vorzukommen
als in den andern Flüssen. Ein Fischer zu Allendorf ver=
sicherte, daß er einst ein Netz voll gefangen habe, das kaum
zwei Männer zu ziehen vermocht hätten. Man findet diesen
Fisch daselbst 3—6 Pfund schwer und fängt ihn gewöhnlich im
Herbst, wo er in Gesellschaft erscheint. Im Jahr 1590
erbat sich Landgraf Wilhelm IV. 8—10 große Brassen
vom Grafen von Tecklenburg. Um diese Zeit findet man
diesen Fisch auch zuerst in den hessischen Teichrechnungen,
doch stets nur in geringer Zahl, und zwar unter dem Namen
Bresam, Breisam, Bressen ꝛc. Im 18. Jahrhundert
verschwindet jedoch der Name wieder aus den Teichrech=

nungen und nach den Rechnungen von 1738—1743 wurden nicht volle 2 Zentner in den Flüssen gefangen.

Der **Blied** oder **Güster** (C. blicca), mit sehr gutem, fetten und schmackhaften Fleisch, ist einer unserer gewöhnlichsten Fische, der namentlich in der Weser in zahlloser Menge erscheint, doch seit Einführung der Dampfschifffahrt sich vermindert hat. Seine Benennung scheint je nach den Orten sehr zu wechseln. An dem Rhein und Main heißt er **Mackel**, an der Schwalm **Blied**, an der Diemel **Blekfisch** und in der hessischen Fischordnung von 1559 wird er **Blecke** genannt. Sowohl in dieser, als in der von 1581 wird der Preis des Pfunds auf 4, 1622 aber auf 8 Hlr. bestimmt. Man benutzt ihn in den Teichen zur Fütterung der Hechte. Sein Gewicht übersteigt nicht ³/₄ Pfund.

Die **Nase** (C. nasus), in der Fulda auch **Blaunase** genannt, ist einer unserer gewöhnlichsten, in allen Gewässern zahlreich sich findender Fisch von ¹/₂—³/₄ Pfund Schwere. Er kommt in der Regel in Gesellschaft vor und wird besonders an der Mündung des Mains in Menge gefangen, wegen seines weichen Fleisches und der vielen Gräten aber nur von Armen gekauft.

Die **Bärthe**, bei Basel **Elzen** oder **Epelen** genannt, (C. rimba), ein Zugfisch, welcher aus der Ostsee in die Flüsse steigt, hat die größte Aehnlichkeit mit der Nase, kommt im Rhein vor und ist der Vorläufer des Lachses.

Er wird 1 Fuß lang und 1¹/₂ Pfund schwer, und sein Fleisch ist besser als das der Nase.

Der **Hasel** oder **Häsling** (C. dobula) ein überall mit schwarzen Flecken betüpfter Fisch, die ihm ein ekelhaftes Aussehen geben, findet sich in allen unsern Gewässern, doch unter verschiedenen Namen. An der Weser wird er **Häsling**, an der Diemel **Butte**, an der Werra **Büttling**, an der untern Fulda **Mayfisch** und **Schuppfisch**, an der mittleren Eder und im Waldeckischen **Murkes**, im

Fuldischen Köttling, im Main Dübell, [in Oberhessen und zwar von Ziegenhain und Treisa an Schieberling, Schiebeling, Schäubeling, Scheiberling ꝛc. genannt. Den letzten Namen findet man seit dem 16. Jahrhundert unter wechselnder Form: 1580 ꝛc. Schiebling, 1619 Scheubling, 1625 Scheublein, 1629 Schibellung, 1633 Schubeling*). Hin und wieder wird dieser Fisch auch Dickopf genannt. Er findet sich in allen Flußwassern und Bächen, doch nur in geringer Zahl auch in den Teichen. Aus diesen kamen zur Hofküche zu Marburg 1582: 60, 1583: 41, 1584: 80, 1585: 96, 1586: 9 Stück. In demselben Verhältniß geben ihn auch die spätern Rechnungen. In Hessen-Darmstadt wurde 1642 der Preis des Pfundes auf 4 Alb. bestimmt. Bei uns kommt der Häsling im Mai und Juni $1/4$ bis $1/2$, selten $3/4$ Pfund schwer auf den Markt.

Der Aland (Schuppert) (C. Jeses), findet sich in der Schwalm, in der oberen und unteren Eder sowie in der Fulda. In dem ersteren Fluß erreicht er bei Treisa eine Schwere von 6—8 Pfund, in dem letztern dagegen von 8—10 Pfund.

Der Lauben (C. leuciscus), findet sich im Main, doch nicht häufig, und wird bei Hanau das Laupel, an der Eder aber Schneider genannt.

Das Rothauge (C. rutilus), mhd. Rotauga, ist ein in allen unsern Flüssen häufig vorkommender Fisch, der bis zu 1 Fuß lang wird und dessen Gewicht von $1/2$ bis höchstens $1\,1/4$ Pfund wechselt.

Die Plötze oder das Gelbauge, die Rothfeder und Rothflosser (C. erythropthalmus), findet sich schon seltner als c. rutilus, namentlich im Maine und Rheine, in der Fulda nur höchst selten, und ist wahrscheinlich derselbe

---

*) Estor in seiner bürgerl. Rechtsgelehrsamkeit der Teutschen S. 941. erklärt den Scheubling irrig für die Rothfeder.

Fisch, von welchem die Werrafischer 1587 erklären, daß sie nur zuweilen 2—3 „Rodtfeddern" fingen. Am Niederrhein heißt der Fisch der Riedforen, in Schweden Sarf, im Genferjee Raufe, Platelle, Plateron, in Oberitalien Scarbola, in Rußland Plotiza (Plattfisch), daher der Name Plötze entstanden. Im nördlichen Deutschland ist er so häufig, daß die Schweine damit gefüttert werden; er unterscheidet sich von dem Rothauge nur durch sein gelbes Auge, sonst ist er mit jenem ganz gleich.

Der **Weißfisch** (C. alburnus) kommt in allen unsern Gewässern, und zwar meist sehr zahlreich vor. Am Main bei Hanau nennt man diesen Fisch auch Alben und Malblecke, nördlicher aber, und zwar schon in der Nidda, Weißfisch, ein Name, den übrigens die Fischer zugleich als Gattungsname für die meisten Karpfenarten brauchen, und unter dem man in Kassel gewöhnlich die Blecke, die Nase, das Rothauge und den Häsling versteht. Wenn der Fisch noch jung ist, wird er auch Schneider genannt. Er wird $\frac{1}{2} - \frac{3}{4}$ Pfund schwer. Im 16. Jahrhundert nannte man den Weißfisch gewöhnlich Speisefisch und setzte ihn zur Nahrung der Hechte in die Teiche; beim Ablassen der Teiche wurde er aber meist verschenkt, theils an die dabei beschäftigten Arbeiter, theils „an schwangere, kranke und sieche Personen". Sein Verkauf geschah nach dem Gewichte. Der Ertrag der hessen-kasselschen Gewässer von 1738—1743 war sehr verschieden, im Jahr 1743 über 13 Zentner.

Die **Pfrille** oder **Ellerütze** (C. phorinus), welche die hessische Fischordnung von 1559 Elreisen nennt, (am Rhein und auch bei Fritzlar spricht man Erlitze), findet sich in allen Gewässern, vorzüglich jedoch in den kleinern und zwar an deren Einmündung in die Flüsse. Sie wurde nach dem nassen Gemäße verkauft und 1559 und 1581 der Preis des Maßes auf $2\frac{1}{2}$ Alb. bestimmt.

Der rothe Orf oder Orph (C. orphus). Dieser auch Würfling genannte und wegen seiner prächtig gelbrothen Farbe in Teichen gehaltene Fisch wird nur sehr selten bei Mainz im Rhein und Main gefangen, findet sich aber in den süddeutschen Gewässern häufiger. Landgraf Wilhelm IV. gab sich viele Mühe, um ihn zu erhalten. Schon 1575 hatte er den Teich zu Beberbeck mit 6 Schock Urffen besetzen lassen. Damals besaßen besonders mehrere fränkische Edelleute Orfen in ihren Teichen, namentlich auch die von Münster bei Kissingen; 5 Stück, welche diese zuerst gehabt, hatten sich bis auf 70 vermehrt. An diese schickte der Landgraf 1587 einen Boten. Mit den wenigen Fischen, welche ihm daselbst abgelassen wurden, erhielt er zugleich einiges Nähere über ihre Lebensweise. Ihre Laichzeit sei zwischen Ostern und Pfingsten, auch wohl länger, und „se sameten" sich in kurzer Zeit sehr häufig. Sie strichen nicht auf dem Grunde und liebten mehr ein stilles weiches, als hartes Brunnenwasser. Ihre Nahrung, Mücken, Fliegen ꝛc. suchten sie oben. Nur der Hecht schade ihnen. — In demselben Jahre sendete die gräfliche Witwe von Hohenlohe 242 rothe Urffen, aber nur 20 Stück kamen davon lebendig nach Kassel. Später hatte der Landgraf selbst diesen Fisch zu Schmalkalden und verehrte eine Anzahl davon 1591 dem Kurfürsten von Sachsen, während damals der Vogt Ulrich von Massenbach $\frac{1}{2}$ Schock großer Fische und 10 Schock Brut dem Landgrafen nach Kassel schickte. Auch Landgraf Ludwig zu Marburg hatte einige in einen Teich gesetzt. Später jedoch gieng dieser Fisch wieder gänzlich verloren.

Die Raapse (C. aspius), findet sich häufig im Rhein, im Main, der Lahn ꝛc., seltner in der Weser, und in der Eder gar nicht. Am Oberrhein nennt man ihn Minne auch Milbe, bei Frankfurt Mulbe und Mulme, an der Kinzig Mulbe und Dickopf, in der Wetterau Munphe, bei Gießen Möhn, in Baiern Nerbling.

Der **Aland** (C. cephulus), mhd. Alant, scheint nur im Rhein und Main vorzukommen.

Der **Schmel, Kühling** oder **Keuling** (C. idus), ist ein häufig im Main bei Hanau, sowie auch in der Weser vorkommender Fisch.

Die **Alandblecke** oder **Strauße** (C. bipunctatus). In der Weser, wo sie die Fischer zum Unterschied von der Maiblecke Alandblecke nennen, soll sie sich nach Bloch erst im vorigen Jahrhundert eingefunden haben und wird jetzt daselbst zahlreich angetroffen. Dagegen ist sie im Main, wo man sie (bei Hanau) **Bambelein** nennt, nicht häufig. An den anderen Flüssen scheinen jene Namen unbekannt zu sein. Die Blecke ist einer der zahlreichsten und gemeinsten Fische in der Fulda, sowie auch unbestritten der kleinste Fisch in diesem Flusse.

Die **Grundel** oder der **Schmerl** (Cobitis barbatula), mhd. Grundila, findet sich in allen unsern Gewässern, doch mehr in den kleinern als in den größern, und in diesen nur vor den Mündungen jener und an schlammigen Stellen. Hessische Nachrichten nennen ihn 1449 **Grundel** und 1484 **Grindelfisch**. Man verkauft ihn nach dem nassen Gemäße. Die schon mehr erwähnten marburger Rechnungen enthalten 1582: 29 Btl., 1586: 1 Ohm und 15 Btl. und 1604: 6 Ohm (400 Maß). Im Jahr 1732 schlug man den Ertrag sämmtlicher herrschaftlichen Gewässer im Fürstenthum Hessen-Kassel auf 96 Maß oder 1 Ohm 16 Maß an, woraus man auf eine bedeutende Abnahme zu schließen veranlaßt wird. — In den Jahren 1539 und 1581 wird der Preis des Maßes auf 4, 1622 und 1642 auf 10 bis 12 Alb.gesetzt.

Der **Steinschmerl** (Cobitis taenia), oder **Steinbicker, Dorngrundel**, wie er an der Werra genannt wird. Auch dieser Fisch ist gleich dem vorigen in der Regel nur in den kleinern Gewässern anzutreffen, wo er sich unter den Steinen aufhält.

Der Wetterfisch oder Schlammpeitzger (Cobitis fossilis), findet sich in den meisten Bächen mit schlammigem Boden, in Wassergräben, Teichen, Gruben und Lachen, in größern schnellströmenden Gewässern gar nicht. In der Geisa bei Hersfeld z. B. findet er sich zahlreich.

Neunzehnte Ordnung.

Der Hecht (Esox lucius), ahd. Hehhit, lat. in den Urkunden des 12. Jahrhunderts Lucius und Luccus genannt, lebt sowohl in den fließenden Wassern als in Teichen, und ist einer der Hauptfische unserer Ströme und Flüsse. Im Main ist er ziemlich häufig, am meisten an den Mündungen der größern Nebengewässer (Kinzig, Nidda, Kahl ꝛc.). In der Fulda ist er sogar vorherrschend, in der Weser der zweite Hauptfisch; nur in der untern Werra findet er sich spärlicher und wird erst oberhalb Wanfried zahlreicher. Er erreicht oft eine ansehnliche Schwere. Bei Malsfeld, unfern Melsungen, fieng man in der Fulda 1846 einen von 20 Pfd., vor etwa 10 Jahren bei Kassel einen von 22 Pfd., und bei Philippsthal sogar schon Hechte von 25 Pfund Schwere. Wegen ihres Geschmacks sind vorzüglich die Hechte des Rheins, der Diemel und der Eder geschätzt, vor allen die letztern. Bei Kassel wurden 1846 von einem Fischereipächter über 500 Pfund Hechte mit der Angel gefangen, darunter einer von $16\frac{1}{2}$ Pfund, ein anderer Pächter zu Melsungen fieng 450 Pfund. Im Jahr 1732 wurde der Ertrag aller herrschaftlichen Fischwasser im ganzen Fürstenthum Hessen-Kassel auf 22 Zentner angeschlagen, ein Anschlag, der zufolge der Rechnungen von 1738—48 jedoch zu gering war, indem in den meisten dieser Jahre über 40 Zentner gefangen wurden. Nach den hessischen Fischereiordnungen soll der Hecht mindestens $10\frac{1}{2}$ Zoll oder, wie es später bestimmt wurde, 10" $1\frac{1}{2}$''' lang, im Darmstädtischen nicht unter $\frac{1}{4}$ Pfund schwer sein. Herzog Friedrich von Würtemberg schickte 1595 dem Landgrafen Moriz die Abbildung einer „wunderbaren Art von Hechten, welche an der Farbe schön grün gewesen", und die er im See bei Laufen gefangen habe.

Unter Landgraf Philipp zahlte man für einen großen Hecht 12 Schill., für einen geringern 9 Schill. Die Verordnung von 1559, sowie die des Landgrafen Ludwig von 1585 setzten das Pfund auf 12 frankfurter Pfennige fest. Landgraf Moriz bestimmte 1622 3 Alb., und Landgraf Georg von Hessen=Darmstadt 1639 4½, für den Winter aber 5 Alb.

Schon frühe salzte man die Hechte ein.

Einundzwanzigste Ordnung.

Der **Lachs** oder **Salm** (Salmo salar), mhd. Lahs. Nach ältern Schriftstellern soll am Rhein der erste Name im Herbste, der andere im Sommer bis Jakobi gebraucht werden. Bei den Alten, welche Salm durch salmo, Lachs durch esox übersetzten, bemerkt man jedoch diese Unterscheidung nicht, denn sie bedienen sich augenscheinlich beider Namen ganz nach Willkür. Der vor Jakobi gefangene Fisch wird jedoch höher geschätzt und darum auch theuerer verkauft als der später gefangene.

Ehemals stieg dieser Fisch in weit größerer Zahl aus dem Meere in den Flüssen auf als noch jetzt und verbreitete sich von da zum Zwecke des Laichens in die Seitenbäche. Schon die Lieferungen an die Stifter lassen sein ehemals weit zahlreicheres Erscheinen erkennen. Ein reich mit Gütern versehener Villicus mußte im 12. Jahrhundert dem Stifte Korvei zu Ostern und zu Pfingsten lassones liefern*), gleich wie jeder von den 17 Fischern zu Bichedorf jährlich 1 Lachs**). Andere Orte lieferten von 10 bis zu 30

---

*) Kindlinger's münstersche Beiträge II. Urk.-B. 139.
**) Daselbst.

und mehr salmones *). In Ambrichi (Wüstung Emmrich bei Borgentreich, an den Quellen der in die Diemel mündenden Egel) in p. Hessi sax. 4 Mansus jeder X salmones **), Sunricke (eine Wüstung das.) im Jahre 1036 VI salmones magnos ***), Rimkechi (Rimbach an der Diemel nordwestlich von Warburg) in p. Hessi sax. drei Bauern jeder XXXX esoces ****), Desburg (Daseburg an der Egel) ebenwohl XXXX esoces †). Wie groß die Zahl war, in welcher der Lachs zuweilen in den Flüssen sich einfand, zeigt vor allem ein Fang, den Ludwig I. am 10. Juni 1443 bei Kassel in der Fulda that. Er fieng mit einem Zuge nicht weniger als 798 Lachse. Aber dieses war auch etwas so außergewöhnliches, daß man es nicht nur in den Chroniken ††) aufzeichnete, sondern auch durch eine Steinschrift in dem ehemaligen untersten Stadtkeller †††) zu Kassel verewigte. Diese leider verstümmelte Inschrift lautet:

„Anno dni. M.CCCCXLIII feria quinta post Bonifacii haue vnser geeduc (gnädiger) her von Hessen VIII^c lesze gezoge mit eyn tzoge an (ohne) II lesze vnd (ein) heche (Hechte) also (guth als) der lesz cyner."

Diese große Zahl erklärt sich zum Theil dadurch, daß der Lachs gewöhnlich gesellschaftlich in großen Schaaren in den Flüssen aufsteigt. Im Jahre 1437 erhielt das Kloster Haina aus seinem zur Burg Hessenstein gehörigen Fischwasser 34 Lachse. Am 1. Juli 1457 fieng man bei Kassel 5 Lachse (Rechnung: „off den Tagk hatte man gefischet vnd gefangen V Lesse"), sowie am 20. Juli 8 Stück. Zu Allendorf a. d. Werra wurden von Palmarum bis

---

*) Kindlinger, münstersche Beiträge II. Urk. S. 113 und 114.
) Saracho ap. Falcke Nr. 45 — *) Falcke, p. 661.
****) Saracho Nr. 113 — †) ibid. Nr. 266.
††) Congeries ap. Kuchenbecker I. S. 17 Dillich und die späteren geben sowohl die Zeit als die Zahl falsch an.
†††) Der Stein befand sich später im städtischen Materialienmagazine, ist aber jetzt nicht mehr vorhanden.

Bartholomaei 1460 45 St., 1469 von Exaudi bis Judae (28. Oct.?) 11 St. gefangen. Vorzüglich ergiebig war der Lachsfang im Rhein *). Noch ums Jahr 1778 wurden an der mainzer Brücke gewöhnlich in einer Woche an 50 Salme gefangen, was übrigens schon 1787 nicht mehr der Fall war, und, irre ich nicht, so wird auf dem ganzen Rheine der Lachsfang nur noch an einem Orte ins Große betrieben, nämlich zu St. Goarshausen, wo derselbe auch schon im Mittelalter von besonderer Bedeutung war. In Hessen werden schon seit dem 16. Jahrhundert die Klagen über die Abnahme des Lachsfanges allgemeiner **). Als 1542 Helmarshausen an Kurt v. Hanstein verschrieben wurde, erhielt derselbe dabei „auch den Lachsfang vnd Vischereyn vff der Dymel vnd der Weser, wie der yzo ist", doch mit der Bedingung: „wurde sich aber sollcher Lachsfang widervmben bessern, wie er dann vor Jaren vil besser gewesen ist", so sollte die Hälfte der gefangenen Lachse zur Hofküche geliefert werden.

Ueber die Ursache dieser Abnahme spricht sich eine gleichzeitige Nachricht aus: „Der Lazfang zu Helmershusen tregt itz nichts vnd wirdet angezeigt, es soll Hertzog Heinrich (v. Braunschweig) oberhalb Fürstenberg die Wasser (die Weser) dermaßen verbauen lassen, das nicht muglich seyn soll, ausgenommen in einer großen Fluethen, daß einich Lax herüberkommen kann." Ebenso wird 1542 einem helmershäuser Fischer, weil „der Last Ungewetters vnd sunst seltzen zu greiffen sei", statt der Lieferung des dritten Lachses jährlich 1 fl. bestimmt. Im Jahr 1559 ließ Landgraf Philipp zweimal unter Fritzlar in der Eder nach Lachsen fischen, wobei jedesmal etliche gefangen wurden. — Als Landgraf Philipp d. j. 1572 am 8. April von Rheinfels aus seinem

---

*) Siehe Bär, Beiträge zur mainzischen Geschichte II. 250 ꝛc. und Wenck's Hess. Landesgeschichte I. 153.

**) Nach Bär l. c. S. 256 wäre der Salmenfang im Rheingau schon im 15. Jahrhundert untergegangen.

Bruder einen Salmen nach Marburg schickte, schrieb er dabei: „Es haben unsere Salmenfänger allhier vergangene Nacht einen frischen Salmen gefangen; weil wir es nun davor halten, daß E. L. dieses Jar noch wenig frische Salmen bekommen ꝛc." Im Jahre 1582 wurden in der Eder bei Hessenstein 7 Salme von 120 Pf., bei Battenberg 8 Salme von 64½ Pfd. und bei Frankenberg 4 Salme gefangen; 1583 überhaupt in der oberen Eder 60 Stück von zusammen 973 Pfd., obwohl dieses sicher nicht die volle Zahl ist; ebenso 1586 bei Battenberg 15 Stück von 2 Ztr. 3 Pfd., bei Hessenstein 6 Stück von 86 Pfd. und aus der Itter 22 Stück von 2 Ztr. 100 Pfd. Gewicht. Sogar an einem Seitenbache der Itter, dem Beerbache, wurden etliche gefangen. In demselben Jahre fieng man bei Kassel einen Salm von 37 Pfd. Schwere. Als damals Landgraf Wilhelm IV. seinem Bruder zu Marburg einen Salm schickte, dankte dieser für dieses „so stattliche Essen vom König und vom Kurfürsten." Der Fischer von Altenburg an der Eder, wo sich ebenfalls ein Lachsfang befand, berichtete 1591: „Nachdem die Salmen in den hohen Wasserfluthen so ernstlich nach der Eder aufstiegen, daß die fritzlarschen Domherrn vor 3 Jahren über 100 Stück gefangen hätten, während man unterhalb Fritzlar nur wenige habe fangen können, habe ihm der Jägermeister befohlen, wider das Aufsteigen der Salme ein Wehr anzulegen; dieses Wehr habe er nun von 1 Klafter Buchenpfählen und etlichem Buschwerk unfern Niedermöllrich aufgerichtet und im v. J. darunter 7 Salme gefangen. Im Jahr 1604 beschwerte sich Landgraf Moriz beim Kurfürsten von Mainz über das Erhöhen der Wehre bei Fritzlar, wodurch dem „Fisch, sonderlich dem Salmen, den bemeltes Wasser (die Eder) zu dieser Sommerzeit je bisweilen zu geben pflegte, sein natürlicher Stieg und Gang verhindert und den Benachbarten abgestrickt werde." Der Kurfürst stellte aber die Erhöhung des Wehrs in Abrede und gab als die Ursache: „daß in der Eber der Fisch und bevorab der Salmen etliche Jahr her zurückgeblieben und sich verloren habe, insgemein den Wehren auf der Weser, so über altes Herkommen viel zu viel erhöht sein sollten" Schuld. In demselben Jahre wurden im Itterschen 1 Salm von 14 Pfund, im Beerbach 2 Salme von 10 und 11 Pfd. und vor Essel 1 Salm von 14 Pfd. gefangen. Im Jahr 1629 fing man nichts in der obern Eder, 1631 13 Stück im Itterschen (am 5. Juni) und 1 Stück bei Battenberg, 1632 aber 38 Stück. — Später, 1647, klagte der Fischer zu Brunslar (bei Felsberg), daß in Folge der wegen des Salmenfangs geschehenen Erhöhung des Fischwehrs zu Wolfershausen keine Fische mehr aufsteigen könnten. Noch einmal kommt ein reicher Salmenfang bei Kassel vor, denn am 23. April 1649 fieng Landgraf Wilhelm VI. in Gesellschaft des Herzogs von Würtemberg 239 Stück. — Im Mai 1661 zeigten sich in der Eder bei Battenberg 10 Salme, welche bei hoher Wasserfluth gefangen werden sollten. Der Fischer zu Wolfershausen an der Eder, welcher 1669 17 Salme lieferte, versicherte damals, daß der dasige Salmenfang noch unter der Landgräfin Amalie Elisabeth nicht selten in einem Jahre 300 Salmen geliefert habe; diese Ergiebigkeit habe aber abgenommen, seit die braunschweigischen Wehre noch mehr erhöht worden seien, und in dem genannten Jahre seien nur 17 gefangen worden. Schon 1663 beklagte sich Landgraf Wilhelm bei dem Herzoge von Braunschweig, „daß das Wehr bei Münden ungebürlich und sonderlich des Nachts durch Aufsteckung von Buschwerk erhöht und dadurch allen steigenden Fischen und namentlich den Salmen der Stieg dergestalt verwehrt werde, daß derselbe nur dann, wenn das Wasser über mannshoch steige, noch möglich sei. Während man früher nicht nur in der Fulda, sondern mehr noch in der Eder oft eine ziemliche Zahl von steigenden Fischen, und namentlich Salmen, gefangen habe, sei dieses jetzt nicht mehr der Fall." Unterdessen nahm der

Fang immer mehr ab. Im Jahre 1738 fieng man in der Fulda und der unteren Eder nur 1 Salmen von 7 Pfd., 1739 2 Salmen von 26½ Pfd., 1740 1 Salmen von 8 Pfd., 1741—44 nichts, 1745 1 Salmen von 12½ Pfd. Der zuletzt noch vorhandene Lachsfang war der bei der Altenburg. Den reichsten Fang gewährt noch immer die obere Eder, insbesondere zwischen Frankenberg und Battenberg. Dieses war vorzüglich in den letzten Jahren der Fall. So weit ich darüber Nachrichten erhalten konnte, wurden im Jahre 1847 bei Frankenberg 23, bei Bringhausen 3 und bei Schreufa in der Nuhne, einem Seitenbache der Eder, 5 Salme gefangen. Im Frühjahr 1848 fieng man bei Frankenberg und Viermünden 14 Stück; um so reicher aber war der Herbstfang. Allein bei Frankenberg wurden am 13. Oktober 24, am 14. Oktober 42, am 15. Oktober 20 Stück gefangen. Der Niedermüller, welcher die reichste Beute machte, soll allein an 150 Stück erhalten haben; auch die anderen Fischer hatten guten Fang, namentlich bei Rennertshausen und Battenfeld. Der Fang würde wahrscheinlich noch reicher ausgefallen sein, wenn nicht großes Wasser eingetreten wäre; aber auch die späte Jahreszeit mag störend eingewirkt haben. Viele Salme scheinen die Quellen gar nicht erreicht zu haben, denn der Fang in den Nebenbächen war gering, in der Nuhne wurden nur 3 Stück gefangen. Unter jenen waren Exemplare von 18—30 Pfd., Man schlug sie mit Knitteln todt, man schoß sie beim Springen über die Wehre. Ein so reicher Fang hatte aber auch seit Menschengedenken nicht stattgefunden.

Nicht in allen süßen Wassern steigt der Lachs auf er trifft vielmehr unter denselben eine strenge Auswahl. Um diese eigenthümliche Erscheinung fester zu stellen, will ich es versuchen, seinen Gang in dem für meine Forschung abgesteckten Gebiete zu verfolgen. Es sind hier nur zwei Wege, in denen der Lachs aus dem Meere in die Binnenwässer steigt: der Rhein und die Weser. Aus dem Rhein wendet er sich zunächst in die Lahn, scheint in derselben aber nicht höher als bis Wetzlar und Gießen zu steigen, denn ich habe keine Nachricht gefunden, daß zu Marburg oder noch weiter oben in der Lahn jemals ein Salm gefangen worden sei. Zu Wetzlar aber wurde Ende November 1628 ein 18 Pfd. schwerer Lachs, und zu Gießen ein anderer Mitte November 1626 gefangen. Wie es scheint, waren dieses jedoch auch damals seltene Fremdlinge. Häufiger als in der Lahn scheinen sie in dem Maine aufgestiegen zu sein, obwohl auch hier nur bis gegen Bamberg. Von den Nebengewässern des Mains besuchten sie namentlich die Sinn und die Saale, denn in beiden Flüssen waren noch im vorigen Jahrhundert Lachsfänge *). — Der dritte Nebenfluß des Rheins, in welchem der Lachs aufsteigt, ist der Neckar, aus dem er namentlich in die beiden aus dem Odenwald kommenden Seitenbäche desselben, den Itterbach und den Finkenbach tritt. In diesen wurde noch 1846 ein 18pfündiger Lachs gefangen.

Noch weit auffallendere Erscheinungen bietet der Lachsstieg im Wesergebiet. In der Diemel ging der Lachs in ältester Zeit wenigstens bis Stadtbergen hinauf, denn von hier wurden noch Lachse nach Korvei geliefert **). Aber auch die Seitenbäche der Diemel besuchte er, namentlich die bei Uebelgönne mündende Egel, in welcher er sogar hoch hinaufgestiegen sein muß, da außer Daseburg auch noch in der Nähe von Borgentreich gelegene Ortschaften zur Lieferung von Salmen verpflichtet waren ***). Es ist also wohl nicht zu bezweifeln, daß der Salm hier ehedem laichte. Wie weit er aber noch jetzt in der Diemel hinaufsteigt, ist mir unbekannt. In der unteren Diemel wenigstens ist er eine so seltene Erscheinung geworden, daß in

---

*) Siehe Hößling's Histor., topograph.-statist. Notizen über das Städtchen Gemünden S. 127.
) Kindlinger a. a. O. S. 228. — *) Siehe oben.

der stockhausischen Fischerei bei Wülmersen seit dem Jahre 1839, wo man einen 2½pfündigen Lachs erhielt, keiner wieder gefangen worden ist*).

Daß der Lachs in der Werra ehemals häufig gefangen worden ist, habe ich schon oben erzählt. Auch noch jetzt steigt er in derselben auf. Bei Philippsthal wird etwa alle 3 Jahre einer gefangen, der letzte, ein 25pfündiger, im Jahre 1845. Aber er geht auch noch weiter und mindestens bis oberhalb Meiningen; im Jahr 1770 war hier ein ungewöhnlich reicher Fang. Vom August bis November wurden von den Fischern und Müllern zu Salzungen, Wasungen, Meiningen, Maßfeld, Einhausen und Belrieth viele Lachse, zum Theil 20 Pfd. schwer, gefangen und in die Hofküche geliefert, wo sie für jedes Stück 2 Ms. Korn erhielten. Am 5. Dezember wurden wieder 16 Stück geliefert, wovon einer 27 Pfd. wog. Zehn derselben waren an der Haselbrücke, unfern des Grimmenthals, gefangen, also nahe bei Einhausen; aber sie stiegen auch noch höher in der Hasel hinauf und aus dieser in die Schwarza bis zu dem gleichnamigen Orte. Noch am 11. Dezember wurden 2 Stück von Maßfeld geliefert. Die Hofküche erhielt so viele Lachse, daß die Lieferung bis auf weiteres eingestellt wurde**). Gewiß stiegen sie auch noch höher hinauf und ebenso unzweifelhaft ist es, daß sie in den dortigen Seitenbächen gelaicht haben.

Die größere Zahl der in der Weser aufgestiegenen Lachse scheint sich jedoch stets in die Fulda gewendet zu haben, aber nur bis zur Mündung der Eder in derselben geblieben zu sein. In Melsungen soll wenigstens seit 1783, wo man einen in der dortigen Schleuse fing, kein Lachs gefangen worden sein. Zu Rotenburg und Hersfeld aber ist der Lachs eine gänzlich unbekannte Erscheinung. Aehnlich ist

---

*) Mittheilung des Rittergutsbesitzers Herrn Hans v. Stockhausen.
**) Chronik der Stadt Meiningen II. 54.

es mit der Schwalm, in welche der Lachs sich kaum auf einige Stunden Weite hinaufwagt. Sein Hauptstieg geht in die Eder; in dieser gelangt er wenigstens bis Battenberg und Haßfeld und tritt hier, wie dieses die obenangeführten Beispiele beweisen, auch in die kleinen Seitenbäche, namentlich die Nuhne, Itter ꝛc. Hier werden dann auch noch jährlich mehr Lachse gefangen, als auf der ganzen Strecke bis mindestens Karlshafen, denn sowohl an der oberen Weser (zu Beckerhagen wurde der letzte Lachs 1837 gefangen) als an der unteren Fulda, namentlich bei Kassel, gehen oft mehrere Jahre vorüber, ehe ein Lachs sich in die Gewalt eines Fischers verliert und nur im Herbste 1848 wurden ausnahmsweise bei Kassel an 20 Stück gefangen. Alles dieses spricht für ein sehr schnelles Steigen. Die obere Eder ist sein Ziel, seine Hauptlaichstätte, und geführt von einem wunderbaren Triebe der Natur eilt der Fisch so ohne Aufenthalt durch die Weser, die Fulda und die untere Eder, daß die, welche in der oberen Fulda und in der Schwalm angetroffen werden, gewissermaßen nur als Verirrte erscheinen. Daß dort, in der oberen Eder, der Lachs wirklich laicht, darüber lassen die älteren Nachrichten nicht den mindesten Zweifel, denn gerade dort, namentlich in der Eder und der Nuhne, wurde ehedem auch der junge Salm, der s. g. Sälmling, in reicher Zahl gefangen. Schon 1586 wurden von Frankenberg 250 „Sälmlain" nach Marburg geschickt; und auch 1629: 241, 1631: 116, 1632: 122, 1633: 72 Sälmlinge gefangen. Doch weiß jetzt keiner der dortigen Fischer mehr zu sagen, was ein Sälmling ist, dieser Name ist vielmehr gänzlich verschollen.

Die durchschnittliche Schwere des Lachses, wie er ehemals gefangen wurde und auch noch jetzt gefangen wird, sowohl im Rheine, als in den kleineren Gewässern, ist 10 Pfund. Doch hat man bei Frankenberg und in der Werra bei Allendorf auch 30pfündige gefangen.

Schon in älterer Zeit wurde der Lachs auf verschie=

bene Weise zubereitet. Man salzte ihn ein, und daß dieses
eben hier geschah, ist ein sicheres Zeichen für sein häufiges
Vorkommen. Da heißt es in einer Kasselschen Rechnung
von 1442: „thonnen — da man die Lesse ynne silcz," sowie in einer gleichen von 1457 „ehne thonne Lesse yn czu
salczen." Den meisten eingesalzenen Lachs bezog man jedoch von Außen, theils vom Rhein, theils von Bremen
und Erfurt. Eine andere Zubereitungsart war, daß man
ihn „dörrte" — räucherte. Ferner kochte man ihn grün
(frisch) mit Gemüße; 1505 heißt es zu Marburg: „grüne
Krut über den Lachs gekocht," 1530: „grunen Mueß zum
Laiß," „grunen Kraut über Laiß," „Kersten über Laiß,"
1502 „Rüben über Laichs und Stör." Ja sogar mit
Honigkuchen genoß man Lachs, wie eine Spangenberger
Rechnung von 1469 zeigt: „Honigkuchen quam zum Lassche."

Die Preise zeigen sich je nach der Größe sehr verschieden. Im Jahr 1431 zahlte man zu Marburg für 1
Lachs 3 fl.; 1442 zu Kassel 1 St. = 12—14 Böhmische,
1450 zu Nidda 1 Pfd. = 1 Schill., 1451 zu Homberg
1 Pfd. = 8 Hlr., 1460 zu Allendorf 1 St. = 4—15
Böhm., 1461 zu Witzenhausen 1 St. = 10—14 Böhm.
Im Jahr 1470 galten 10 Pfd. gleich 48 Pfd. Kalbfleisch,
oder 30 Pfd. Rindfleisch oder 24 Pfd. Hammelfleisch, 20
Pfd. Schweinefleisch, 10 Pfd. Butter ꝛc.; 1479 zu Span-
genberg 1 Pfd. = 1 Alb., 1491 zu Marburg 1 Pfd. $2\frac{1}{2}$
Schill., 1525 zu Gieselwerder 1 St. $\frac{1}{2}$ fl.

Die eingesalzenen Lache wurden in Tonnen bezogen;
1449 und 1451 wurden zu Nidda für 1 Pfd. = 10 Hlr.
bezahlt, 1459 zu Homberg 1 Böhm., 1484 zu Marburg
= 2 Alb. 2 Hlr., 1502 = $16\frac{1}{2}$ Hlr., 1505 = $15\frac{1}{2}$
Hlr. ꝛc. Damals gab man daselbst für die Tonne 7 fl.
1522 zu Kassel = $7\frac{1}{2}$ fl., 1505 zu Marburg = 9 fl,
1506 zu Frankfurt = $11\frac{1}{2}$ fl., 1525 zu Marburg = 12 fl.,
1531 = 10 Goldfl.

Die Lachsforelle (S. trutta) ist überhaupt nicht häufig, findet sich aber schon mehr als die gemeine Forelle in den größern Strömen. In der Diemel erreicht sie eine Schwere von 4 Pfd., in der Holzape, einem Seitenbache derselben, von 2½ Pfd. In der Eder, wo sie von vorzüglichem Wohlgeschmacke sind, findet man sie bis zu 6—8 Pfd. schwer. Vor mehreren Jahren wurde jedoch bei Löschenrod in der Fulda, in der sie übrigens sehr selten sind, eine Lachsforelle von 11 Pfd. Schwere gefangen. Ja, am 6 Dec. 1682 fing man bei Einhausen in der Werra, wo sie jedoch ebenwohl nur selten vorkommen, eine von 17 Pfd. Im Jahr 1437 fing man in der Eder bei Hessenstein 2 „Lasfornen."

Die Forelle (S. fario, mhd. Forafana, im spätern Mittelalter Forne) findet sich in allen unseren Gebirgswassern mit hellem klaren Quellwasser und kiesigen Boden. Deshalb fehlt dieselbe denn auch in den größern Wassern, und man findet sie z. B. in der Lahn erst oberhalb Marburg, in der Eder erst oberhalb Fritzlar, in der Schwalm erst oberhalb Alsfeld, in der Nidder erst oberhalb Ortenberg, in der Fulda erst im Fuldaischen ꝛc. Im Ganzen ist Hessen an Forellenwassern reich. Auch wurden schon frühe Forellenteiche angelegt, wie dieses namentlich 1470 bei dem neuen Jagdschlosse Kehrenbach (Kornbach) geschah; dieser Teich wurde am 2. November d. J. mit „Forn" besetzt. Der Teich zu Beberbeck war 1575 mit 14½, der zu Naufis mit 5 und der zu Harfa mit 10 Schock Forellen besetzt. In dem letztern waren auch 1 Schock rothe Forellen. Andere dieser Gattung erhielt Landgraf Wilhelm IV. 1586 vom Bischof von Paderborn und besetzte damit seinen bei Sababurg neu angelegten Forellenteich. Anfänglich waren dieselben wie andere Forellen weiß und wurden erst in ihrem zweiten und dritten Jahre roth. — Für die Forellenfischerei hatte man eigene Forellenfänger. In die Hofküche zu Marburg kamen 1582:

675, 1583: 710, 1584: 845, 1585: 621, 1586: 481 und 1604: 1054 Forellen. Am Hofe des Landgrafen Karl verbrauchte man von 1724—1729 durchschnittlich jährlich 3000 Stück, während der jährliche Ertrag 1732 auf 4200 St. angeschlagen wurde, welcher übrigens später nur selten erreicht wurde.

Man genoß die Forelle nicht blos grün (frisch), indem man sie sott, sondern häufig auch durch Räuchern gedörrt; so werden 1501 zu Marburg 150 „dorrer Forn" für 18 Schillinge gekauft, ein Preis, der lange Zeit hindurch derselbe blieb; 1521 gab man für 500 St. 4 Pfd., 1531 für 1100 St. 14 Pfd. 13$\frac{1}{2}$ Schill. Auch schon früher findet man in den Rechnungen öfters „dorre Fornen" aufgeführt.

Die frische (grüne) Forelle bezahlte man im Anfange des 16 Jahrhunderts gewöhnlich das Stück mit 2 Schill., also sehr viel theurer als die gedörrte. Die hess. Darmstädt. Ordnung von 1642 bestimmte die geringste Schwere auf $\frac{1}{4}$ Pfd., die späteren hess. kass. Ordnungen aber die geringste Länge auf 9" 7$\frac{1}{2}$'''.

Die Stein- oder Waldforelle (S. sylvaticus) liebt gleich der gemeinen Forelle die raschen Gebirgswasser, vorzüglich die schattigen. Obwohl im Allgemeinen nicht häufig, findet sie sich doch in der Geisa bei Hersfeld, in der Mümling im Odenwalde, in den Bächen am Süntel und bei Rodenberg im Schaumburgischen, häufig in den Gebirgswassern oberhalb Fulda nach Schmalnau und der Rhön hin, sowie auch im Vogelsberg in so außerordentlicher Menge, daß damit ein einträglicher Handel, namentlich nach Kissingen für die Kranken, im Sommer getrieben wird. —

Diese und die gemeine Forelle werden jedoch von vielen für identisch gehalten, weil die Forelle ihre Farbe nach der Beschaffenheit des Wassers wechselt.

Die Aesche (S. thymallus mhd. asco) liebt ein rasch

fließendes kaltes Wasser mit kiesigem Grunde, und kommt in den größeren Flüssen nicht oder doch nur in deren höheren Gebieten vor. In dem Rhein, der Werra und Weser findet sie sich gar nicht, und nur selten im Main, in der Diemel, der Lahn, Eder und Kinzig. Auch in der Schwalm, wenigstens auf kurhessischem Gebiete, vermißt man sie. Dagegen findet man sie in der Schwülme über Lippoldsberg, in der Nuhne bei Frankenberg, in der Ulster oberhalb Bach ꝛc., vorzüglich aber und unter dem Namen der Silberforelle in dem oberen Laufe der Fulda (bei Hersfeld jedoch schon nicht mehr) und der Haune, in der Mümling im Odenwalde, und im Lieberbach am Taunus. Auch schon in den Rechnungen des 16. Jahrhunderts kommt die „Esche" nur sehr spärlich vor, denn wenn auch 1582 117 Stück in die Hofküche zu Marburg geliefert wurden, so zeigen die spätern Jahre entweder gar keine oder nur wenige (2—6) Stücke. Im Jahre 1574 ließ Landgraf Wilhelm IV. 10—11 Schock zu Eisenach kaufen und besetzte damit einen Teich in Herfa. Auch 1575 wurden wieder mehrere Teiche damit besetzt. In Oberhessen wurden in der Eder 1631: 10, 1633: 7 Stück gefangen. In den Rechnungen des 18. Jahrhunderts kommt die Aesche gar nicht mehr vor.

Der Sälbling (S. salvelinus) wird nur selten im Rhein gefangen.

Zweiundzwanzigste Ordnung.

Alse (Clupea Alosa, mhd. Alosa), gewöhnlich Maifisch und am Oberrhein auch Guren genannt, eine Heringsart, welche aus der Nordsee im Mai und Juni in großen Schaaren im Rheine aufsteigt, um zu laichen. Die Alse geht von da im Maine bis Würzburg hinauf und verbreitet sich hin und wieder auch in den Nebengewässern. In der Weser ist sie unbekannt. Sie wird an 6 Pfd. schwer.

Dreiundzwanzigste Ordnung.

Die Aalraupe oder Quappe (Lota fluviatilis, Godus lota, mhd. Ruppa, im 15. Jahrhundert Oleruppe und Ruppe),

an der Werra auch Aalquappe, bei Hanau **Flußtrüsch**
(mhd. Trutta), am Rhein **Ruffolken** genannt, findet sich
im Allgemeinen nicht häufig, in der Eder oberhalb Fritzlar,
der Gersprenz und Mümling gar nicht, und nur in der
oberen Werra und in der Ulster, sowie der **obern Fulda**
(auch zwischen der Neuenmühle und Kassel, jedoch selten),
in der Haune und im Main in größerer Zahl. Auch scheint
sie im Rhein weniger häufig als in dessen kleinen Seiten=
gewässern vorzukommen; wenigstens war dieses früher der
Fall; denn 1566 fing Landgraf Ludwig IV. in dem „Merß=
bach" (jetzt Schwarzbach) bei Wickshausen, nördlich von
Darmstadt, einem kleinen Seitenbache des Rheins, zu zwei=
malen nicht weniger als 103 „Ohlruppen." Zur Hofküche
zu Marburg wurden 1582: 279, 1583: 221, 1584: 42,
1585: 2, 1586: 29 und 1604: 35 Stück eingeliefert, woraus
sich die Angabe eines Werrafischers zu bestätigen scheint,
daß dieser Fisch in manchen Jahren gar nicht vorkommen
soll. In den Kasselschen Rechnungen des 18. Jahrhunderts
findet man denselben nur selten und dann auch nur in
einem Betrage von höchstens 8—9 Pfund. Die einzelnen
wiegen bis zu 2 Pfund.

Die **Scholle** oder das **Platteisen** (Pleuronectes
plattessa) steigt nur zur Laichzeit aus dem Meere in die
Ströme hinauf, und zwar mehr im Rhein als in der Weser,
doch überhaupt nur in geringer Zahl, so daß dieser Fisch,
namentlich in der oberen Weser, eine seltene Erscheinung
ist, und nur als ein Zufall ist es zu betrachten, daß auch
bei Kassel 1837 eine Scholle gefangen wurde. Früher scheint
man die Scholle vorzüglich im Rheine und Maine häufiger
gefangen zu haben. Die Fischer im mainzischen Gerichte
Ostheim mußten im 16. Jahrhundert alle gefangenen Platt=
eisen in die Kellerei Aschaffenburg liefern. Im Jahre 1565
wurden 75 Paar und 1566 6 Zahlen Platteisen von Worms
aus in die Hofküche zu Darmstadt eingeschickt, welche
sicherlich im Rhein gefangen worden waren, obwohl man

sie auch aus den Seestädten bezog. Man zählte diesen
Fisch entweder paarweise oder in größerer Menge nach
Zahlen, und zwar so, daß 110 Paar (oder 220 Stück)
eine Zahl ausmachten. Man theilte sie zum Verkaufe nach
ihrer Größe in 3 Klassen und nannte die größten Fax.
Im 15. Jahrhundert galt das Paar, je nach der Größe
2, 4 und 6 Pfennige, 1476 = 1 Albus, wofür man auch
1 Pfd. Lachs erhielt; 1490 galt 1 „Zail Schullen" =
2 Goldfl., 1505—1530 3½ fl. oder 4½ Pfund, oder
50 „Schulchen" = 1¼ Pfund.

Sechsundzwanzigste Ordnung.

Der Aal (Muraena anguilla, mhd. Al, 1383 die
Olen) findet sich in allen nur einigermaßen ansehnlichen
Flüssen in reicher Zahl, und nur in der Lahn und der
Mümling kommt er nicht so viel vor. In der Diemel
erreicht er höchstens 3, in der Werra aber 4—5 Pfd. Die
Hofküche zu Marburg erhielt 1582: 77, 1583: 62, 1585:
50, 1586: 29 und 1604: 135 Stück. Der höchste Ertrag
der hessen=casselschen herrschaftlichen Wasser von 1738—44
war 1743: über 7 Ztr. Schon frühe wurden die Aale
auf verschiedene Weise zubereitet; so wurden 1481 zu
Marburg 40 „Ole" gesalzen, andere gebraten und gesotten
(„Ole zu braiten und siben"). Auch wurden sie gedörrt
(„dorre Ole"). Im 12. Jahrhundert zählte man sie nach
Steigen, (ahd. snesa, senasa, escnasa, mhd. snesa), d. i.
20 Stück; das Stift Korvei erhielt z. B. LX snese anguillarum, sowie von einem andern Orte escnase anguillarum*); Ebenso führt ein wenig späteres korveiisches Register
XV snesas Murenularum auf**); eine andere Urkunde nennt
dagegen XXX suenas (sic) Munrettarum***). Im Jahre
1307 zählte man zu Marburg für 9 Aale 14 Schillinge,
1522 für 8 Aale 18 Schillinge, 1525 für 1 Aal 2 Schil-

---

*) Kindlinger's münster. Beiträge II. Urk.=B. S. 113, 139.
) Das. S. 223. — *) Das. S. 114.

linge. Die Ordnungen von 1559 und 1581 setzten das Pfund auf 6 Pfennige, Landgraf Moriz 1622 auf 1 Alb. 6 Hlr. und Landgraf Georg auf 4 Albus. Die hessen=kasselschen Ordnungen bestimmen die geringste Länge auf 20½ Zoll, die hessen=darmstädtischen auf 2 Schuhe.

Dreißigste Ordnung.

Der **Stör** (Acipenser sturio, mhd. Stulo). Am 25. Juni 1575 schrieb Landgraf Philipp von Hessen=Rheinfels: vergangene Nacht sei zu St. Goarshausen ein Stör in einem geringen Setzhamen gefangen, welches nicht bald mehr erhört und von den Alten dieses Ortes für ein sonderlich portentum gehalten werde; er hätte 130 Pfund gewogen und sei 9 Werkschuhe lang gewesen. Im Juni 1593 fing man daselbst einen Stör von mehr als 160 Pfd. Gewicht. Am 16. Juni 1624 wurde ein 7 Fuß langer Stör bei Frankfurt und am 29. Mai 1625 ein anderer bei Oppenheim gefangen. In der Gegend von Mainz werden jährlich einige gefangen; seltener in der mittleren Weser, im Schaumburgischen z. B. je einer in etlichen Jahren. Im Sommer 1846 verstieg sich ein 14pfündiger Stör in die Werra und wurde bei Witzenhausen getödtet. Schon im 14. und 15. Jahrhundert wurde der Stör häufig in Hessen genossen; im Jahre 1481 bezog man 1 Tonne „Stoirs" aus Erfurt nach Marburg, welche 2¼ fl. = 12¾ Pfd. kostete, während man 1497 daselbst für 20 Pfund **Stores** 2 Pfd zahlte. Eine 1502 für Marburg zu Leipzig gekaufte Tonne kostete 12 Pf. 3 Schill., 1531 aber 18—19 Pfund oder ebensoviel wie ein Stück Stockfisch.

Zweiunddreißigste Ordnung.

Lamprete (Petromyzon marinus, mhd. Lampreta und Lantfriba). Dieser aus der Nordsee in den Flüssen aufsteigende Fisch wurde früher als Leckerbissen sehr geschätzt. Landgraf Wilhelm IV. sagte z. B. seinem Hofgesinde, als dieses sich über den Landwein beschwerte, unter anderm: „man könne in einer fürstlichen Hofhaltung nicht jedem

Lampreten braten", sowie ein andermal, als lüttich'sche Bergleute zur Besichtigung des Kohlenbergwerks am Weißner verschrieben worden, „man solle dieselben mit Speise und Trank zur Genüge versehen, aber keine Lampreten braten." Im Anfang des 12. Jahrhunderts erhielt die Abtei Hel=marshausen jährlich 3—4 Lampreten (Lampredas) als Zins aus Breckenfort*). Im Jahre 1449 werden zu Kassel für „eine Lamperde" 3 Böhmische (deren 22 damals 1 fl. machten) bezahlt, während zu derselben Zeit 14 Böhmische für 3 Hechte bezahlt werden. Ebenso galten 1469 zu Kassel 2 „Lampreden" 17 Schillinge oder ebensoviel als ein Zober Bier. Sie kommen überhaupt selten vor. Nachdem im Mai 1586 der Graf Josias von Waldeck zu Eisenberg mehrere Lampreten in der Eder gefangen hatte, schickte er eine davon an den Hof zu Marburg, welches in demselben Jahre auch vom Grafen von Isenburg mit 4 Lampreten geschah, welche wahrscheinlich im Main gefangen waren. Im Jahre 1604 wurden 4 Lampreten von Darmstadt ge=schickt, während man zugleich 22 Pfd. Lampreten zu Köln kaufen ließ. Auch jetzt sind es immer seltene Erscheinungen; doch liefert der Rhein die meisten. In der Werra sind etliche von 4—5 Pfd. und 1846 bei Melsungen eine von 3 Pfd. Gewicht gefangen worden.

Neunauge oder Flußbricke (Petromyzon fluviatilis, mhd. Nlunauga). Jeder von den 17 Fischern zu Bichedorf lieferte im 12. Jahrhundert auf Martini III escnasas Nonougarum ins Stift Korvei, und zu drei Zeiten auch dem Probste soviel**). Im März 1469 wurden in der Fulda öfters „Nunougen" gefangen. Sie wurden mit dem nassen Gemäße gemessen und so kommen in den Rechnungen der Hofküche zu Marburg 1582: 1 Viertel, 1583: 2 Maß, 1604: 4 Rößel vor. Im Jahre 1738 wurden 267, 1740:

---
*) Wenck, U.-B. II. S. 73.
**) Kindlinger, II. S. 139.

668, 1741: 75, 1742: 503 und 1740: 308 Stück im Nieberfürstenthum gefangen. Man bezog sie früher aber auch aus der Ferne und zahlte 1469 zu Kassel für ein „Fesschen Nunougen" 3 fl., 1484 und auch noch im 16. Jahrhundert für ein Fäßchen „Bricken" 3½—4 fl.

Man findet das Neunauge beinahe in allen unsern Gewässern, in der Fulda die meisten, so daß ein Fischer oft in einem Morgen, aber weder im Spätherbst noch im Frühjahr bei kleinem Wasser, 3—4 Schock fängt; weniger zahlreich sind sie in den übrigen; in der Eder aber scheint es ganz zu fehlen.

Das kleine Neunauge oder die Flußbricke (P. planeri) findet sich in vielen unserer Gewässer, mehr jedoch in den kleinern als in den größern, oft in Haufen zusammengerollt, vorzüglich an den Mühlenwehren. In der Nidder und dem Seemen ist es nicht vorhanden, wohl aber in der Kinzig und deren Nebenbächen.

Das blinde Neunauge oder der Querder (P. branchialis), an der Werra auch der Säugling genannt, findet sich in vielen Flüssen und Bächen. Auch in Teichen trifft man sie an, z. B. in dem bei Gammelsbach im Odenwalde.

Der Krebs (astacus fluviatilis, ahd. Krebaz und Krebazo, mhd. Krebesse 1442, Kirbeze 1462, Krebese 1469) findet sich beinahe in allen unseren Gewässern. Obwohl 1566 bei Wickshausen in dem Moersbach, unfern Darmstadt, ein zweimaliger Fang 1000 Krebse lieferte, so scheint damals doch kein Ueberfluß an Krebsen im übrigen Hessen gewesen zu sein, da man sie in großer Zahl aus dem Auslande bezog. Zur fürstlichen Kindtaufe 1578 ließ Landgraf Wilhelm IV. 30 Schock Krebse zu Erfurt einkaufen. Auf dem Transporte wurden dieselben jeden Abend zwischen Diehlen ins Gras gesetzt, „daß sie des Nachts sich weiden und speisen konnten." Ebenso wurden 189 Schock im Anhaltischen zur Besetzung von Teichen gekauft. Im folgenden Jahre verschrieb derselbe Fürst nicht weniger als 2 Fuder Krebse aus der Mark zur Besetzung seiner „Bach und Wasser." Aber von einer Fuhre von 150 Schock kamen nur 52 Schock lebendig bis Dessau, und auch diese konnten wegen der Hitze und „weil sie jetzo maubten" nicht weiter geschafft werden. Im Oktober 1584 verlangte der Landgraf einen Karren voll Krebse von den Fischmengern zu Erfurt; aber es waren nur noch 12 Schock vorräthig und der Fang auch schon eingestellt; ebenso verschrieb der Landgraf 1585 einen Wagen voll Krebse aus Magdeburg und erhielt 1586 aus Erfurt 53 Schock zur Besetzung der Teiche in den Aemtern Rotenburg und Friedewald. Dieses kommt auch noch zu andern Zeiten vor. In Erfurt bestand nämlich ein ansehnlicher Fischhandel, welcher von den „Fischmengern" betrieben wurde; gewiß hatten diese eigene Anstalten zur Anzucht, doch bezogen sie den größern Theil wenigstens der Krebse aus andern Gegenden. Als 1585 (im Mai) Landgraf Wilhelm dort 50 Schock bestellte, wurde ihm gemeldet, daß die Fischmenger jetzt keine Krebse hätten, es würden auch vor 2—3 Wochen keine nach Erfurt kommen, weil „sich die Krebse in die Mause gelegt hätten." Der Verbrauch der Krebse war ehemals sehr stark; an dem kleinen Hofe des Landgrafen Ludwig zu Marburg wurden jährlich an 10,000, im Jahre 1584 sogar 12,156 und 1604 12,719 verzehrt. Dagegen verbrauchte der Hof des Landgrafen Karl nach einem Durchschnitt der Jahre 1724 bis 1729 jährlich nur 106 Schock (6360 Stück), und 1732 schlug man sogar den ganzen Ertrag aller herrschaftlichen Teiche und fließenden Wasser auf nur 179 Schock (10,740 Stück) an, eine um so auffallendere Verschiedenheit mit dem oben erwähnten Verbrauche, als dieser doch allein auf dem Ertrage des damals freilich noch ungetheilten Oberfürstenthums beruhte. Im Jahre 1738 war der Ertrag 11084, 1739: 8800, 1740: 9300, 1741: 6890, 1742: 7660 und 1743: 13900 Krebse.

Die hessische Verordnung von 1559 ꝛc. bestimmte, daß kein Krebs kleiner als 4½" Zoll (genau 4" 4½'") oder wie die hessen=darmstädtische Verordnung von 1642 festsetzte, ¼ Elle, (nämlich mit ausgestreckten Scheeren) verkauft werden sollte. Auch wegen der Erhaltung der Brut beschränken die hessischen Verordnungen den Fang, doch verschieden, denn die kasselschen gestatteten nur 10 Weibchen unter einem Schock, die darmstädtischen hingegen 10 Weibchen unter 35 Stück.

Im Jahre 1530 galten 700 Krebse = 8½ Schill. Die Ordnungen von 1559 und 1581 bestimmen den Preis des Pfundes auf 10 Pfen., Landgraf Moritz 1622 den des Schocks auf 6 Alb. und Landgraf Georg 1642 den von 100 Stück je nach der Größe auf 6, 8 und 12 Alb.

Als allgemeine Bezeichnungen findet man „große Schubfische" (1457 und 1458) „Bratfische", (z. B. 1484 Bratfische), Backfische (1484), Speisefische ꝛc. Außerdem kommen noch 1484 Boben und 1487 Kappsfische vor, welche ich nicht erklären kann.

Man bereitete auch schon ehedem die Fische auf mancherlei Weise. Man genoß sie entweder grün (frisch) oder gedorrt (geräuchert), gebraten oder gesotten; auch salzte man sie ein. Häufig findet sich, daß man zur Zubereitung von Fischen Wein verwendete; so 1458, wo 3 Stübchen Wein gekauft werden, um Fische „damitde zcu stjben," sowie 2 Stübchen „obir Fische." Nicht minder häufig verwendete man Fische zur Bereitung von Galerte, oder Galreide, wie man es im Mittelalter nannte, und welches die Glossarien durch Sultze erklären. Zu Marburg wurden 1484 „gute Hechte zu einer Galreiden," desgleichen „Fische zu Galreiden," und ebenso 1495 „Fische zu einer Galreyden" verwendet. Im Jahr 1530 werden „Backfische" zu einem „Pfeffer" benutzt.

Als Anhang zu dem Vorhergehenden mögen hier noch einige Bemerkungen über die Seefische folgen, welche man während des Mittelalters in Hessen findet.

Vor allen ist hier der H e r i n g zu nennen. Der Verbrauch desselben war außerordentlich groß. In vielen Gegenden, namentlich auch in der Grafschaft Ziegenhain mußten sogar die Dörfer Tonnen von Heringen liefern, und es wurden auch oft besonders bei den Zünften die Bußen in Tonnen Heringen angesetzt. Im Jahr 1418 bezahlte man zu Marburg für 10½ Tonne ebensoviel wie für 96 Malter Hafer, nämlich 96 Pfd., 1426 kostete eine Tonne, welche etwa 800 Heringe hielt, 13 Pfd., so daß 1 Vrtl. Hafer, 39 Pfd. Rindfleisch, 42 Pfd. Kalbfleisch und 10 Pfd. Butter denselben Werth hatten, wie 60 Heringe. Zwei einzelne Heringe aber kosteten, und zwar auch noch Jahrzehnte später 5 Mutschen, während 1 Pfd. Rindfleisch 3½ und 1 Pfd. Kalbfleisch 2½ Mutschen kamen. Im Jahr 1450 erhielt man für 2 Pfennige 1 Hering, für 6 Hlr. aber 1 Steige Eier, 1469 galten 6 Heringe 5 Hlr., gleichwie 1 Pfd. Rindfleisch 1½ Hlr. Später 1502 kostete die Tonne 5½—6 Pfd. (oder 2 Heringe 5 Hlr.), und unter Landgraf Philipp 6 fl. (= 7½ Pfd. 6 Schill.)

Man theilte die Heringe nach dem ersten, zweiten und dritten Fang ein, und die des ersten waren die theuersten. Ebenso unterschied man, wie z. B. 1457 zu Grebenstein „Roenherincke und Braetherincke", oder wie der letztere 1484 genannt wird „Braidhering." Im 17. Jahrhundert findet man B r a n d - und Z i r k e l h e r i n g e.

Auch die Bückinge kommen schon früher vor, und zwar unter demselben Namen, z. B. 1446 B u c k i n g e. Man bestimmte ihre Zahl nach S t r o h e n, worunter man eine gewisse in Stroh zusammen gepackte Anzahl von Stücken verstand, weshalb man später auch ein W i s c h sagte; 1451 kostete 1 „Stro Bogkinge" 3 fl., 1 Bugking aber 2 Mutschen; 1469 hatten 12 Bückinge und 3 Pfd. Butter denselben Preis, nämlich 1 Schill., und „eyn Stroe Bugkinge" kostete 6 fl., 1490 1 „Strohe Buckings" 7½ fl., 1495 4 fl. und 1502 5 fl., 1521 5½ fl. und 1531 1 Paar 5 Hlr.

Der Stockfisch wurde ebenfalls häufig genossen und findet sich schon frühe unter demselben Namen (1383 Stogfysch); man kaufte ihn entweder einzeln oder in Stücken, eine Zahl von circa 165. Im Jahr 1436 standen 10 Pfd. Butter, 49 Pfd. Rindfleisch, 60 Heringe, 42 Pfd. Kalbfleisch, 1 Vrtl. Hafer und 3 Stockfische in gleichem Werthe, nämlich von 1 fl; es galt 1 Stockfisch ein Schill., soviel als 3 Heringe, 1445 aber 1 Stück 25 fl., 1456 2 Stockfische = 3 Schill., 1458 1 Stück = 20, 22—23 fl.; 1460 galten 40 Heringe, 40 Bückinge, 40 Schollen und 2 Stockfische denselben Preis; 1466 1 Stockfisch = 4 Böhm., wofür man damals 2 Metzen Salz erhielt; 1470 34 Pfd. Rindfleisch, 20 Pfd. Schweinefleisch, 360 Wecke = 3 Stockfische; 1490 1 Stück = 13½ fl., 1497 = 16 fl.; 1505 bis 1530 = 12½ — 13 fl. Im Jahr 1466 findet man auch „gewesserts Stogkfisch", ebenso 1484 „gewesserten Stockfisch."

Die Makrele (Scomber) kommt nur selten vor. In einer Rechnung von 1497 heißt es: „vor Makrelen zo broben" (zu braten.)

Der Wittling (Godus Merlangus). Im Mittelalter kommt statt dieses Namens nur der Holländische Bolgk (Bolk) vor. Schon 1384 finden sich in einer Rechnung des Amtes Lichtenau „Bolchen," 1431 werden sie „Bulchin" und 1484 „Bulch" genannt. Im Jahr 1495 kostete 1 Pfd. „Bulches" 16 Hlr., während 1 Pfd. Rindfleisch 5 Hlr. kostete, 1497 10 Pfd. „Bulchs" = 15 Schill., 1502 1 Pfd. „Bulches" 8 Hlr. Die Tonne „Bolches" kam 1502 = 7 fl., 1505 = 5½ fl., 1506 = 9½ fl. ic. Erst später begegnet man auch der Bezeichnung Wittling.

Austern findet man im 15. Jahrhundert öfters in Hessen erwähnt, so z. B. 1484 wo zu Marburg „fur eyn

Feßchen mit Oſtren" 4 Alb. bezahlt werden. Landgraf Wilhelm IV. bezog alljährlich friſche „Auſtern" aus Antwerpen, und zwar ſo reichlich, daß er einen Theil davon nach allen Seiten hin als Geſchenk verſchickte.

www.ingramcontent.com/pod-product-compliance
Lightning Source LLC
Chambersburg PA
CBHW020830190426
43197CB00037B/1427